Cuisine bon marché

Sommaire

- Entrées et soupes   4
- Poissons   42
- Viandes et volailles   68
- Légumes et féculents   100
- Desserts   142

Soupe de courgettes au cerfeuil

POUR 6 PERSONNES
PRÉPARATION : 10 MIN
CUISSON : 6 MIN
DIFFICULTÉ : TRÈS FACILE
COÛT : BON MARCHÉ

- *1 kg de courgettes*
- *6 portions de fromage type Kiri*
- *2 cuil. à soupe de cerfeuil*
- *Sel*

■ Épluchez les courgettes et coupez-les en rondelles. Dans une casserole, portez à ébullition 80 cl d'eau. Plongez-y les courgettes puis salez. Couvrez et laissez cuire 6 min à feu moyen.

■ Ajoutez le fromage puis passez le tout au mixeur jusqu'à ce que le mélange soit homogène.

■ Au moment de servir, ajoutez le cerfeuil. Dégustez aussitôt.

Granité tomates-basilic et purée de fèves en verrine

POUR 6 PERSONNES
PRÉPARATION : 10 MIN
CUISSON : 6 MIN
REPOS : 1 H
DIFFICULTÉ : FACILE
COÛT : BON MARCHÉ

- *450 g de fèves pelées*
- *500 g de tomates*
- *3 cuil. à soupe de basilic haché surgelé*
- *2 citrons*
- *100 g de poudre d'amandes*
- *1 filet d'huile d'olive*
- *Sel*

■ Faites cuire les fèves pendant 6 min dans de l'eau bouillante salée puis égouttez-les.

■ Dans un saladier, versez les fèves et ajoutez la poudre d'amandes, le jus des citrons et l'huile d'olive. Écrasez l'ensemble à la fourchette puis répartissez la purée dans 6 verrines. Placez au réfrigérateur pendant 1 h au minimum.

■ Au moment de servir, passez les tomates pelés et coupées en quartiers et le basilic au robot. Déposez le granité sur la couche de fèves. Dégustez aussitôt.

CONSEIL

Vous pouvez ajouter des feuilles de basilic frais sur les verrines avant de servir.

Velouté de champignons

POUR 6 PERSONNES
PRÉPARATION : 15 MIN
CUISSON : 10 MIN
DIFFICULTÉ : TRÈS FACILE
COÛT : BON MARCHÉ

- 1 kg de champignons de Paris émincés
- 2 cuil. à soupe d'échalotes hachées surgelées
- 2 cuil. à soupe de persil haché surgelé
- 20 g de beurre
- 20 cl de crème liquide
- 40 cl de lait
- Sel

■ Dans une casserole, faites revenir les échalotes dans le beurre à feu doux, sans les faire dorer.

■ Ajoutez les champignons émincés et faites-les cuire pendant 5 min en remuant de temps en temps.

■ Versez ensuite la crème liquide et le lait. Salez puis éteignez le feu à la première ébullition.

■ Passez le tout au mixeur jusqu'à ce que le mélange soit homogène puis ajoutez le persil haché. Dégustez aussitôt.

Consommé de bœuf aux riweles

POUR 4 PERSONNES
PRÉPARATION : 15 MIN
CUISSON : 3 À 4 MIN
DIFFICULTÉ : FACILE
COÛT : BON MARCHÉ

- *1 l de bouillon de bœuf*
- *100 g de farine*
- *1 œuf entier + 1 jaune*
- *4 cuil. à soupe de cerfeuil ciselé*
- *Sel, poivre*

■ Mélangez la farine, les œufs, le sel et le poivre en malaxant la pâte à la main. Frottez-la entre les paumes de manière à obtenir de fines petites quenelles.

■ Amenez le consommé à ébullition dans une casserole, jetez-y les riweles et laissez cuire 3 à 4 min. Versez dans une soupière et saupoudrez de cerfeuil.

CONSEIL

Les riweles servaient autrefois de dîners pour les petits enfants et remplacent avantageusement les petites pâtes ou vermicelles.

POUR 6 PERSONNES
PRÉPARATION : 30 MIN
CUISSON : 30 MIN
DIFFICULTÉ : FACILE
COÛT : BON MARCHÉ

Crème de poivron

- 4 poivrons rouges
- 100 g de fromage blanc
- 1 cuil. à soupe de moutarde
- 1 cuil. à café de Tabasco
- Quelques branches de menthe fraîche
- Sel

■ Lavez les poivrons et faites-les griller à four chaud (210 °C, th. 7), ou directement sous le gril de votre four, en les retournant de temps en temps. Lorsque la peau commence à griller, sortez les poivrons, enfermez-les hermétiquement dans un sac en plastique et laissez-les refroidir.

■ Retirez ensuite la peau, les graines et les parties blanches des poivrons. Coupez-les en morceaux. Mixez ensemble les poivrons, le fromage blanc, la moutarde et le Tabasco selon votre goût, jusqu'à l'obtention d'une crème onctueuse. Rectifiez l'assaisonnement. Mettez la crème de poivron au frais.

■ Au moment de servir, décorez de menthe fraîche.

CONSEIL

Accompagnez la crème de poivron de tacos ou de pain grillé.

VARIANTES

Vous pouvez également réaliser cette recette avec des poivrons jaunes ou oranges.

Crème de pomme de terre

POUR 4 PERSONNES
PRÉPARATION : 15 MIN
CUISSON : 15 MIN
DIFFICULTÉ : TRÈS FACILE
COÛT : BON MARCHÉ

- 250 g de pommes de terre
- 1 l de bouillon
- 4 jaunes d'œufs
- 20 cl de crème épaisse
- Sel, poivre du moulin

■ Épluchez les pommes de terre, lavez-les et râpez-les.

■ Versez le bouillon dans une casserole, portez à ébullition, jetez-y les pommes de terre et laissez cuire 15 min.

■ Mélangez la crème et les jaunes d'œufs. Versez dessus 1 louche de bouillon, mélangez vivement, puis reversez le tout dans la casserole en remuant avec un fouet, sans laisser bouillir. Laissez épaissir quelques minunutes, rectifiez l'assaisonnement et servez très chaud.

Soupe de fèves provençale

POUR 4 PERSONNES
PRÉPARATION : 15 MIN
CUISSON : 45 MIN
DIFFICULTÉ : TRÈS FACILE
COÛT : BON MARCHÉ

- *2 kg de fèves fraîches*
- *2 jaunes d'œufs*
- *1 l de bouillon*
- *1 bouquet garni (laurier, thym, persil plat)*
- *1 oignon*
- *1 gousse d'ail*
- *4 tranches de pain rassis*
- *8 cuil. à soupe d'huile*
- *Sel, poivre du moulin*

■ Écossez les fèves. Retirez la peau et séparez les lobes. Pelez et coupez l'oignon en lamelles. Épluchez l'ail.

■ Dans une casserole, faites blondir l'oignon et l'ail 5 min à feu moyen avec 4 cuil. à soupe d'huile tout en remuant. Ajoutez les fèves, faites-les revenir 5 min en continuant de remuer. Ajoutez le bouillon préalablement chauffé et le bouquet garni. Salez, poivrez et faites cuire à feu doux 30 min à couvert.

■ Coupez le pain en morceaux et faites-les dorer 5 min dans le reste d'huile chaude. Égouttez sur un papier absorbant. Ôtez le bouquet garni et passez la soupe au moulin à légumes ou au mixeur-plongeur. Versez dans une soupière.

■ Délayez les jaunes d'œufs avec un peu de bouillon et ajoutez-les à la soupe. Remuez et servez avec le pain frit.

Fougasses aux grattons

POUR 4 FOUGASSES
PRÉPARATION : 30 MIN
REPOS DE LA PÂTE : 2 H
CUISSON : 25 MIN
DIFFICULTÉ : DIFFICILE
COÛT : BON MARCHÉ

- 450 g de farine blanche
- 75 g de farine complète
- 2 sachets de levure de boulangerie lyophilisée
- 3 cuil. à soupe d'huile d'olive
- 1 jaune d'œuf
- 300 g de grattons ou de rillons du charcutier
- 10 cl de vin blanc sec
- 1/2 cuil. à café de sel

■ Écrasez les grattons à la fourchette dans une casserole et ajoutez le vin. Faites cuire à feu vif jusqu'à ce que le vin soit absorbé et les grattons croustillants. Laissez refroidir.

■ Dans une jatte, mélangez les farines et le sel. Faites un puits au centre et ajoutez-y la levure. Délayez avec 30 cl d'eau tiède, et fouettez 5 min avec des fouets à pâte. Ajoutez 2 cuil. à soupe d'huile en fouettant. Laissez reposer la pâte 15 min environ, puis incorporez les grattons en la pétrissant bien. Partagez la pâte en 4 parts égales. Étalez-les au rouleau jusqu'à obtenir 1 cm d'épaisseur.

■ Incisez la pâte en partant de 2 cm du bord jusqu'à 2 cm du centre. Écartez les ouvertures avec les doigts. Posez les fougasses sur la plaque du four huilée. Couvrez d'un torchon et laissez lever 1 h à 1 h 30. Dorez-les à l'œuf battu mélangé à un peu d'eau.

■ Préchauffez le four à 210 °C (th. 7) et faites cuire 20 à 25 min. Laissez les fougasses refroidir sur une grille.

POUR 6 PERSONNES
PRÉPARATION : 10 MIN
CUISSON : 10 MIN
DIFFICULTÉ : TRÈS FACILE
COÛT : BON MARCHÉ

Feuilletés façon gressins

- *250 g de pâte feuilletée à étaler*
- *50 g de gruyère râpé*
- *1 œuf battu*
- *2 cuil. à soupe de graines de pavot*
- *2 cuil. à soupe de graines de sésame*
- *2 cuil. à soupe de farine*

■ Préchauffez le four à 200 °C (th. 6-7). Avec un rouleau à pâtisserie, sur un plan de travail fariné, étalez la pâte pour former un rectangle. Coupez-le en 3 bandes dans le sens de la longueur.

■ Parsemez le premier rectangle de pâte de graines de pavot, le deuxième de graines de sésame puis le dernier de gruyère râpé. Passez le rouleau à pâtisserie sur les pâtes afin de bien incruster les garnitures.

■ Découpez de fines lamelles d'environ 1,5 cm de largeur dans chaque rectangle. Déposez-les en les torsadant sur la plaque du four préalablement recouverte de papier sulfurisé.

■ À l'aide d'un pinceau, badigeonnez d'œuf battu chaque feuilleté. Enfournez et faites dorer pendant 10 min environ.

Salade de cervelas

POUR 4 PERSONNES
PRÉPARATION : 10 MIN
DIFFICULTÉ : TRÈS FACILE
COÛT : BON MARCHÉ

- *4 cervelas*

Pour la vinaigrette
- *1 oignon*
- *5 cl de vinaigre*
- *5 cl d'huile*
- *3 cl de vin blanc (sylvaner ou riesling)*
- *2 cuil. à soupe de cerfeuil (ou de persil) ciselé*
- *1 cuil. à café de moutarde forte*
- *Sel, poivre*

■ Retirez la peau des cervelas et coupez-les en deux dans la longueur, puis en fines tranches.

■ Disposez ces tranches joliment dans un plat.

■ Faites la vinaigrette : délayez la moutarde avec le vinaigre et le vin blanc, ajoutez l'huile en remuant vivement. Salez, poivrez.

■ Versez la vinaigrette sur le cervelas et parsemez-le d'oignon finement tranché et de cerfeuil.

Salade de gruyère

POUR 4 PERSONNES
PRÉPARATION : 10 MIN
MACÉRATION : 5 À 10 MIN
DIFFICULTÉ : TRÈS FACILE
COÛT : BON MARCHÉ

- *300 g à 400 g de gruyère*

Pour la vinaigrette
- *2 échalotes*
- *2 cuil. à soupe de ciboulette*
- *1 cuil. à café de moutarde forte*
- *7 cl de vinaigre*
- *5 cl d'huile*
- *1 cuil. à café de kirsch (facultatif)*
- *Sel, poivre*

■ Préparez la vinaigrette : hachez grossièrement les échalotes, puis mettez-les dans un bol. Salez et poivrez. Laissez macérer de 5 à 10 min. Ajoutez la moutarde, le vinaigre, le kirsch et l'huile.

■ Taillez le gruyère en fines lanières. Mélangez-les à la vinaigrette et parsemez de ciboulette.

CONSEIL
Servez avec une salade de tomates et des œufs durs.

VARIANTE
Cette salade peut aussi se préparer avec du saucisson à l'ail fumé.

Salade de pommes de terre

POUR 6 PERSONNES
PRÉPARATION : 10 MIN
CUISSON : 20 MIN
DIFFICULTÉ : TRÈS FACILE
COÛT : BON MARCHÉ

- *1,2 kg de pommes de terre plutôt farineuses de type bintje*
- *2 gros oignons doux*
- *1 cuil. à café de moutarde forte*
- *10 cl de vinaigre de vin*
- *10 cl d'huile*
- *Sel, poivre*

■ Lavez les pommes de terre, et mettez-les non épluchées dans une casserole. Recouvrez-les de 2 litres d'eau froide et salez. Faites cuire pendant 20 min.

■ Préparez la vinaigrette : coupez finement les oignons et rincez-les abondamment à l'eau froide afin de leur faire perdre leur âcreté. Égouttez-les.

■ Dans un saladier, délayez la moutarde avec le vinaigre. Ajoutez l'huile, le sel, le poivre et les oignons hachés.

■ Lorsqu'elles sont cuites, égouttez les pommes de terre, épluchez-les et coupez-les toutes chaudes en rondelles. Mettez-les dans la vinaigrette et mélangez bien.

CONSEIL
Cette salade accompagne bien la charcuterie, les saucisses chaudes (knacks) et la palette fumée.

VARIANTE
Dans cette salade, vous pouvez ajouter des petits lardons fumés rissolés, des filets de harengs à l'huile ou, tout simplement, des cornichons aigres-doux hachés.

Frisée aux gésiers confits

POUR 4 PERSONNES
PRÉPARATION : 20 MIN
CUISSON : QUELQUES MINUTES
DIFFICULTÉ : TRÈS FACILE
COÛT : BON MARCHÉ

- *1 chicorée frisée*
- *1 barquette de 350 g de gésiers confits à la graisse d'oie*
- *16 croûtons à l'ail en sachet*
- *4 cuil. à soupe d'huile de noix*
- *2 cuil. à soupe de vinaigre de vin*
- *1 cuil. à café de moutarde forte*
- *Sel, poivre du moulin*

■ Effeuillez la salade, ne gardez que les feuilles claires. Lavez-les plusieurs fois sous l'eau courante et essorez-les.

■ Mettez le bloc de gésiers avec sa graisse dans une poêle. Faites chauffer très doucement. Dès que la graisse est fondue, retirez les gésiers et essuyez-les avec du papier absorbant. Coupez chaque gésier en plusieurs morceaux.

■ Videz la poêle de sa graisse, remettez-la sur feu doux sans l'essuyer. Ajoutez les gésiers et faites-les chauffer doucement en remuant de temps en temps.

■ Versez le vinaigre dans le saladier, ajoutez un peu de sel et faites-le fondre avant de délayer la moutarde. Ajoutez l'huile et un bon tour de moulin à poivre, puis fouettez la vinaigrette pour l'émulsionner. Ajoutez la salade et parsemez-la de croûtons. Versez par-dessus les gésiers chauds et tournez aussitôt. Servez sans attendre.

CONSEIL

Gardez la graisse des gésiers au réfrigérateur pour faire sauter des pommes de terre.

Salade des vignerons

POUR 6 PERSONNES
PRÉPARATION : 15 MIN
CUISSON : 5 MIN
DIFFICULTÉ : TRÈS FACILE
COÛT : BON MARCHÉ

- *300 g de pissenlits des prés*
- *125 g de lardons fumés*
- *3 œufs durs*
- *2 échalotes*
- *1/2 gousse d'ail*
- *1 cuil. à café de moutarde*
- *5 cuil. à soupe de vinaigre*
- *5 cuil. à soupe d'huile*
- *Sel, poivre du moulin*

■ Épluchez, lavez et séchez les pissenlits. Écalez, puis coupez en morceaux les œufs durs. Pelez et hachez les échalotes et l'ail.

■ Dans un saladier, délayez la moutarde avec le vinaigre, puis ajoutez petit à petit 3 cuil. à soupe d'huile en tournant vivement. Salez, poivrez, ajoutez les échalotes, l'ail et les œufs. Recouvrez de pissenlits.

■ Dans une poêle, faites frire les lardons dans 2 cuil. à soupe d'huile. Versez-les sur la salade et mélangez. Servez immédiatement.

POUR 4 À 6 PERSONNES
PRÉPARATION : 15 MIN
REPOS : 30 MIN
DIFFICULTÉ : TRÈS FACILE
COÛT : BON MARCHÉ

Salade de chou blanc

- 1/2 chou blanc

Pour la vinaigrette
- 40 cl de crème fraîche
- 2 cuil. à soupe de mayonnaise toute prête
- 1 cuil. à café bien pleine de moutarde forte
- 7 cl de vinaigre
- 2 échalotes
- 2 cuil. à soupe de raisins secs
- Sel, poivre

■ Taillez le chou en fines lanières en évidant les grosses côtes et le trognon ; lavez-le à l'eau chaude pour l'attendrir. Égouttez-le soigneusement, puis mettez-le dans un saladier.

■ Lavez les raisins à l'eau et hachez les échalotes. Mélangez tous les ingrédients de la vinaigrette et arrosez-en le chou. Laissez reposer et attendrir pendant environ 30 min avant de servir.

CONSEIL

Cette salade est délicieuse avec des filets de harengs.

Tourin blanchi

POUR 4 PERSONNES
PRÉPARATION : 20 MIN
CUISSON : 25 MIN
DIFFICULTÉ : TRÈS FACILE
COÛT : BON MARCHÉ

- 300 g d'oignons
- 8 à 10 gousses d'ail
- 2 œufs
- 5 cuil. à soupe de vinaigre de vin rouge
- 2 cuil. à soupe d'huile d'olive
- 1 cuil. à soupe de farine
- Pain de campagne
- Sel, poivre du moulin

■ Pelez et émincez les oignons ; pelez les gousses d'ail et écrasez-les au presse-ail.

■ Faites chauffer l'huile d'olive à feu moyen dans une grande casserole et faites dorer les oignons 5 min en remuant. Baissez le feu, ajoutez l'ail et faites-le revenir 3 min sans lui faire prendre couleur. Poudrez de farine et remuez.

■ Versez 1,25 l d'eau bouillante, salez, poivrez et laissez cuire 20 min à petits frémissements. Filtrez le bouillon et maintenez-le au chaud à petits frémissements.

■ Cassez les œufs en séparant les blancs des jaunes. Délayez les jaunes dans le vinaigre, puis incorporez le tout à la soupe chaude en fouettant. Incorporez ensuite les blancs, toujours en fouettant et laissez cuire 1 min. Servez très chaud, sur des tranches de pain de campagne rassis.

Consommé de queue de bœuf

POUR 6 À 8 PERSONNES
PRÉPARATION : 5 MIN
CUISSON : 4 H
REFROIDISSEMENT : 1 NUIT
DIFFICULTÉ : FACILE
COÛT : BON MARCHÉ

- 1,5 à 2 kg de queue de bœuf coupée en tronçons ficelés
- 1 carotte
- 1 branche de céleri
- 1 navet
- 1 poireau
- 1 pomme
- 1 gros oignon
- 1 tête d'ail entière non défaite
- 1 bouquet garni (thym, laurier)
- 2 clous de girofle
- 1/2 cuil. à café rase de poivre
- Sel

■ La veille, lavez la pomme et épluchez la carotte, le poireau, le céleri et le navet. Placez la pomme non épluchée dans une mousseline ou une gaze. Piquez les clous de girofle dans l'oignon non pelé.

■ Mettez ces ingrédients dans une marmite, ajoutez les tronçons de queue de bœuf, le bouquet garni, le sel, le poivre et l'ail, puis recouvrez de 4 l d'eau froide. Amenez à petits frémissements sur feu vif, puis laissez frémir 4 h à feu doux.

■ Retirez la pomme au bout de 30 min de cuisson, et la viande à la fin de la cuisson.

■ Le jour même, jetez la graisse figée qui se trouve à la surface du consommé et filtrez-le avant de servir.

Salade d'avocat à la mangue et au cresson

POUR 4 PERSONNES
PRÉPARATION : 15 MIN
DIFFICULTÉ : TRÈS FACILE
COÛT : BON MARCHÉ

- *1 avocat*
- *1 piment doux*
- *1 mangue*
- *1 cœur de chou*
- *3 citrons verts*
- *4 brins de cresson*
- *1 gousse d'ail*
- *Huile d'olive*
- *Sel, poivre du moulin*

■ Pelez et hachez l'ail. Coupez les citrons verts en deux et pressez-les pour en extraire le jus. Préparez une vinaigrette avec l'huile d'olive, du jus de citron, l'ail haché. Salez et poivrez.

■ Coupez l'avocat en deux et retirez le noyau. Découpez la chair en lamelles. Arrosez-les de jus de citron. Ôtez les feuilles externes du chou, lavez le cœur, coupez-le en quatre, puis hachez-le. Pelez la mangue, ôtez-en le noyau et coupez-la en fines tranches. Tranchez le piment en deux, retirez les graines délicatement à l'aide d'un couteau pointu, rincez la pulpe, puis détaillez-la en lanières. Passez brièvement le cresson sous l'eau et secouez-le.

■ Dans un saladier, mélangez la mangue, les feuilles de cresson, le chou, le piment avec une partie de la vinaigrette. Disposez harmonieusement les lamelles d'avocat sur la salade et plantez-y 1 branche de cresson. Arrosez avec le restant de la vinaigrette.

CONSEIL

Le consommé (ou bouillon) se garde 8 jours au frais, et peut se congeler. Utilisez la viande réservée pour un autre repas.

POUR 6 PERSONNES
PRÉPARATION : 20 MIN
CUISSON : 1 H 20
DIFFICULTÉ : FACILE
COÛT : BON MARCHÉ

Tarte à l'oignon

- *1 pâte brisée ou feuilletée*

Pour la garniture
- *2 bottes d'oignons blancs à longues tiges*
- *2 œufs + 2 jaunes*
- *5 cl de crème fraîche*
- *75 cl de lait entier*
- *75 g de beurre*
- *Sel, poivre*

■ Épluchez les oignons en laissant la quasi-totalité de leur tige, coupez-les en grosses rondelles.

■ Faites fondre le beurre dans une sauteuse. Jetez-y les oignons, puis ajoutez le lait, le sel et le poivre. Laissez réduire pendant 40 min à feu doux puis laissez refroidir.

■ Préchauffez le four à 200 °C (th. 6-7).

■ Incorporez les œufs, les jaunes, ainsi que la crème fraîche à la préparation.

■ Beurrez le moule et mettez-y la pâte, puis versez la garniture. Faites cuire 40 à 45 min au four à 200 °C (th. 6-7).

CONSEIL

Servez cette tarte bien chaude, accompagnée d'une salade verte.

VARIANTES

La version hivernale de cette tarte utilise 500 g de gros oignons blondis à feu doux. Vous pouvez y ajouter 150 g de petits lardons fumés. Supprimez alors la cuisson dans le lait. Vous pouvez remplacer les oignons par 4 blancs de poireaux. Servez alors cette tarte avec du saumon fumé.

Truites des gaves

POUR 4 PERSONNES
PRÉPARATION : 20 MIN
CUISSON : 35 MIN
DIFFICULTÉ : FACILE
COÛT : BON MARCHÉ

- *4 truites portions*
- *30 cl de vin blanc (jurançon sec)*
- *2 échalotes*
- *2 oignons*
- *2 gousses d'ail*
- *12 feuilles d'estragon frais*
- *1 cuil. à café de persil plat haché*
- *1 cuil. à café de cerfeuil haché*
- *1 cuil. à soupe de ciboulette ciselée*
- *10 cl de crème fraîche*
- *2 jaunes d'œufs*
- *1 cuil. à soupe de jus de citron*
- *2 cuil. à soupe d'huile d'olive*
- *30 g de beurre*
- *Sel, poivre du moulin*

■ Lavez et séchez les truites, mettez-les bien à plat dans une grande sauteuse.

■ Faites chauffer l'huile à feu moyen dans une casserole ; ajoutez les oignons et les échalotes hachés, l'ail pressé et l'estragon puis faites blondir 5 min en remuant. Versez le vin et la même quantité d'eau et laissez réduire 10 min. Salez et poivrez.

■ Laissez tiédir la sauce avant de la verser sur les truites, puis faites cuire 15 min à petits frémissements et à découvert.

■ Ôtez les truites à l'aide d'une spatule et déposez-les dans un plat à gratin. Préchauffez le four à 240 °C (th. 8).

■ Hors du feu, incorporez à la sauce les jaunes d'œufs battus avec la crème, le beurre, le jus de citron et toutes les herbes. Mélangez bien et versez sur les truites. Enfournez et faites gratiner 5 min.

CONSEIL

Servez dans le plat de cuisson, avec des pommes vapeur ou du riz.

Truites à la ciboulette

POUR 4 PERSONNES
PRÉPARATION : 20 MIN
CUISSON : 15 À 20 MIN
DIFFICULTÉ : FACILE
COÛT : BON MARCHÉ

- 4 truites vidées
- 3 tranches de pain rassis
- 1 œuf
- 15 cl de lait
- 75 g de beurre
- 4 cuil. à soupe de crème
- 1 cuil. à soupe de moutarde
- 2 cuil. à soupe de farine
- 4 cuil. à soupe de ciboulette finement ciselée
- Sel, poivre du moulin

■ Faites tremper la mie de pain dans le lait. Lorsque le pain est bien détrempé, sortez-le du lait et pressez-le bien entre vos mains.

■ Dans un bol, cassez l'œuf, puis mélangez-le au pain. Salez, poivrez. Ajoutez 2 cuil. à soupe de ciboulette. Farcissez les truites de cette préparation et refermez l'ouverture avec du fil alimentaire.

■ Saupoudrez les truites de farine et secouez-les pour en rejeter l'excédent. Faites chauffer le beurre dans une poêle et faites-y cuire les truites 10 min en les retournant délicatement à mi-cuisson. Disposez-les sur un plat chaud.

■ Délayez dans le jus de la poêle la moutarde et la crème fraîche. Salez, poivrez, et ajoutez le reste de ciboulette. Laissez cuire en remuant jusqu'à ce que le mélange devienne onctueux.

■ Versez la sauce sur les truites et servez chaud.

CONSEIL

Vous pouvez accompagner cette recette de fleurons en pâte feuilletée chauffés et disposés en couronne autour du plat.

Moules farcies à la sétoise

POUR 4 PERSONNES
PRÉPARATION : 20 MIN
CUISSON : 40 MIN
DIFFICULTÉ : FACILE
COÛT : BON MARCHÉ

- *8 douzaines de grosses moules*
- *1,5 kg d'épinards*
- *4 ou 5 cuil. à soupe d'huile d'olive*
- *50 g de chapelure*
- *Sel*

■ Ouvrez les moules crues. Ôtez uniquement la coquille à laquelle la moule n'adhère pas. Recueillez le jus des coquilles et filtrez-le.

■ Blanchissez les épinards 5 min à l'eau bouillante salée. Égouttez-les. Mettez-les dans une casserole avec le jus des moules et un peu d'eau, selon la quantité recueillie. Couvrez, faites cuire 20 min à feu doux et hachez les épinards.

■ Préchauffez le four à 250 °C (th. 8-9). Emplissez les moules avec les épinards hachés. Étalez le reste d'épinards dans un plat à gratin et disposez les moules par-dessus. Parsemez de chapelure et aspergez d'huile.

■ Enfournez pour 15 min de cuisson. Servez dans le plat de cuisson.

Court-bouillon de poisson à l'antillaise

POUR 4 PERSONNES
PRÉPARATION : 20 MIN
CUISSON : 15 MIN
DIFFICULTÉ : FACILE
COÛT : BON MARCHÉ

- 1 kg de morceaux de poissons divers, vidés et nettoyés
- 4 cives
- 1 oignon
- 1 bouquet garni
- 1 carotte
- 1 branche de céleri
- 2 brins de persil
- 1 piment
- 1 citron
- 1 verre de vin blanc sec
- 1 cuil. à soupe d'huile
- Sel

Pour la marinade
- 2 oignons
- 2 gousses d'ail
- 2 citrons verts
- 4 feuilles de bois d'Inde
- 1 piment

■ Épluchez les cives et l'oignon. Grattez la carotte et coupez-la en rondelles. Effilez la branche de céleri et détaillez-la en tronçons. Rincez le persil et secouez-le. Ouvrez le piment, ôtez les graines avec un couteau pointu, rincez la pulpe et coupez-la en rondelles. Pressez le citron.

■ Préparez la marinade. Dans un grand saladier, mélangez les oignons hachés, les gousses d'ail écrasées, les feuilles de bois d'Inde et du piment râpé dosé selon votre goût, avec le jus des citrons verts. Poivrez, salez et mélangez de temps en temps.

■ Mettez les morceaux de poissons dans la marinade. Faites chauffer l'huile dans une cocotte et faites-y revenir les cives, l'oignon, la carotte, le céleri et le persil. Mettez les poissons dans la cocotte et remuez à l'aide d'une cuillère en bois. Ajoutez le vin blanc, le bouquet garni, 1 verre d'eau, le jus de citron et 3 rondelles de piment. Rectifiez l'assaisonnement en sel. Portez à ébullition et laissez mijoter 5 min à feu doux.

CONSEILS

À défaut de cives, difficiles à trouver en Europe, vous pouvez utiliser de la ciboulette ou la partie verte d'échalotes fraîches. Servez avec du riz créole ou un légume du pays.

Maquereaux au cidre

POUR 4 PERSONNES
PRÉPARATION : 40 MIN
CUISSON : 25 MIN
DIFFICULTÉ : FACILE
COÛT : BON MARCHÉ

- *2 gros maquereaux de 600 g chacun, en filets*
- *4 échalotes*
- *4 branches de persil plat*
- *20 cl de cidre sec*
- *1 cuil. à café de farine*
- *2 cuil. à soupe de crème fraîche*
- *20 g de beurre*
- *Sel, poivre du moulin*

■ Préchauffez le four à 200 °C (th. 6-7). Beurrez un plat à feu. Pelez les échalotes. Rincez le persil. Hachez finement le persil et les échalotes.

■ Salez et poivrez le fond du plat, parsemez-le du mélange d'échalotes et de persil. Rincez les filets, essuyez-les, déposez-les tête-bêche dans le plat. Arrosez avec le cidre. Assaisonnez et couvrez d'aluminium, glissez au four et laissez cuire 20 min.

■ Déposez les filets sur un plat de service ou sur les assiettes. Ajoutez la farine dans le plat de cuisson, mélangez à feu vif, incorporez la crème et laissez cuire 2 ou 3 min en remuant. Nappez le poisson de sauce et servez chaud.

CONSEIL

Vous pouvez servir avec ces maquereaux des pommes de terre cuites à la vapeur, des pommes fruits cuites au four ou à la poêle ou encore une purée d'oignons.

Petits ramequins de cabillaud à la tomate

POUR 6 PERSONNES
PRÉPARATION : 10 MIN
CUISSON : 20 MIN
DIFFICULTÉ : FACILE
COÛT : BON MARCHÉ

- *6 filets de cabillaud*
- *300 g de tomates*
- *6 cuil. à soupe d'échalotes hachées*
- *6 cuil. à café de persil haché*
- *Huile d'olive*
- *Sel, poivre*

■ Préchauffez le four à 210 °C (th. 7). Répartissez les morceaux de cabillaud dans les ramequins.

■ Ajoutez les tomates concassées, les échalotes et le persil. Salez, poivrez et arrosez chaque ramequin d'un filet d'huile d'olive.

■ Enfournez et laissez cuire 20 min. Servez aussitôt.

Pissaladière

POUR 6 PERSONNES
PRÉPARATION : 50 MIN
REPOS DE LA PÂTE : 30 MIN
CUISSON : 40 MIN
DIFFICULTÉ : FACILE
COÛT : BON MARCHÉ

Pour la pâte
- 125 g de farine tamisée + 20 g pour le moule et le plan de travail
- 30 g de beurre + 20 g pour le moule
- 3 cuil. à soupe d'huile d'olive
- 1 pincée de sel

Pour la garniture
- 1 kg d'oignons
- 12 filets d'anchois
- 50 g d'olives noires de Nice
- 4 cuil. à soupe d'huile d'olive (pour la cuisson des oignons)

■ Mettez dans une jatte la farine, le beurre coupé en dés, l'huile et le sel. Travaillez rapidement la pâte du bout des doigts en ajoutant assez d'eau pour obtenir une pâte ferme mais élastique. Farinez-la, roulez-la en boule, puis laissez-la reposer 30 min au frais.

■ Pelez les oignons et hachez-les. Faites-les cuire 20 min à feu doux dans l'huile en les remuant.

■ Farinez le plan de travail, puis étalez-y la pâte en une plaque, la plus mince possible. Tapissez-en un moule à tarte beurré et fariné, et piquez le fond avec une fourchette. Répartissez les oignons à la surface de la pâte. Disposez les filets d'anchois sur les oignons en formant un quadrillage. Mettez les olives aux intersections.

■ Préchauffez le four à 210 °C (th. 7). Enfournez et laissez cuire 20 min environ.

CONSEILS

Servez chaud ou tiède de préférence, mais la pissaladière est également bonne lorsqu'elle est froide. Le nom de pissaladière vient du mot provençal peissala (poissons salés). Certains Niçois ajoutent à la garniture 2 tomates finement hachées.

Brandade comme à Marseille

POUR 6 PERSONNES
PRÉPARATION : 20 MIN
DESSALAGE : 12 H
CUISSON : 20 MIN
DIFFICULTÉ : FACILE
COÛT : BON MARCHÉ

- 750 g de morue salée
- 1 cuil. à soupe de crème fraîche
- 10 cl de lait
- 2 gousses d'ail
- Le jus de 1 citron
- 1 cuil. à café de zeste de citron râpé fin
- 1 pincée de noix muscade râpée
- 40 cl d'huile d'olive première pression
- Sel, poivre blanc du moulin

▪ Faites dessaler la morue pendant 12 h en changeant l'eau plusieurs fois.

▪ Égouttez-la et retirez les arêtes en laissant la peau. Coupez-la en morceaux. Mettez dans une casserole et couvrez d'eau froide. Portez à ébullition et pochez-la 8 min dans l'eau frémissante. Égouttez. Pelez et écrasez l'ail. Retirez la peau de la morue.

▪ Portez à ébullition l'huile et le lait dans deux casseroles différentes.

▪ Dans une casserole à fond épais, mettez 10 cl d'huile chaude, la morue et l'ail. Travaillez le mélange à feu très doux, à la cuillère en bois, en ajoutant l'huile par cuillerée sans cesser de tourner et en versant la valeur de 1 cuil. de lait pour 3 cuil. d'huile. La brandade doit présenter un aspect crémeux. Poivrez, salez si nécessaire, incorporez noix muscade, jus et zeste de citron, et crème.

CONSEILS

Accompagnez de pommes vapeur et de morceaux de pain frits. C'est un plat du déjeuner plutôt que du dîner, caractéristique des jours maigres et en particulier du Vendredi saint. Son nom vient du verbe branda qui signifie remuer en provençal.

Friands de Douarnenez

POUR 4 PERSONNES
PRÉPARATION : 1 H
CUISSON : 25 MIN
DIFFICULTÉ : DIFFICILE
COÛT : BON MARCHÉ

- 6 petites sardines bien écaillées et vidées
- 250 g de pâte feuilletée
- 20 g de beurre
- 1 jaune d'œuf
- Farine pour le plan de travail

■ Faites fondre le beurre dans une grande poêle. Rincez les sardines, mettez-les dans la poêle et faites-les cuire de 2 à 3 min de chaque côté. Laissez-les refroidir.

■ Farinez le plan de travail, puis étalez-y la pâte sur une épaisseur de 2 à 3 mm. Découpez-la ensuite en 12 rectangles de 5 cm × 12 cm.

■ Préchauffez le four à 200 °C (th. 6-7). Levez les filets des sardines (2 par poisson). Déposez 1 filet au bord de chaque rectangle de pâte. Repliez le reste du rectangle de pâte sur le filet de poisson pour bien l'enfermer, en pressant tout autour avec les doigts.

■ Posez les friands sur la tôle du four humide. Puis délayez le jaune d'œuf avec 1 cuil. à soupe d'eau et badigeonnez-en le dessus de chacun d'eux. Éventuellement tracez des raies ou des losanges à l'aide d'une fourchette. Glissez au four et laissez cuire 15 min.

CONSEIL
Servez ces friands bien dorés chauds et croustillants, en entrée avec une salade ou à l'apéritif.

Tartare de colin aux poivrons

POUR 6 PERSONNES
PRÉPARATION : 10 MIN
REPOS : 15 MIN
DIFFICULTÉ : TRÈS FACILE
COÛT : RAISONNABLE

- 800 g de cœur de filets de colin
- 300 g de poivrons jaunes et rouges grillés surgelés
- 1 cuil. à soupe d'ail haché surgelé
- 2 cuil. à soupe de basilic haché surgelé
- 2 citrons
- 1 filet d'huile d'olive
- Sel

■ Faites décongeler les poissons. Coupez le poisson en petits cubes et les poivrons en lamelles.

■ Dans un saladier, mélangez le poisson, les poivrons, l'ail, le basilic, le jus des citrons et l'huile d'olive. Salez et recouvrez de film alimentaire.

■ Laissez reposer 15 min au réfrigérateur (pas plus, le jus de citron risquerait de cuire le poisson). Dégustez aussitôt.

Club saumon fumé, crème de fromage au citron vert

POUR 4 PERSONNES
PRÉPARATION : 10 MIN
DIFFICULTÉ : TRÈS FACILE
COÛT : BON MARCHÉ

- *8 tranches de pain de mie aux céréales*
- *4 tranches de saumon fumé*
- *1 citron vert non traité*
- *150 g de fromage frais type St Môret*
- *Poivre*

■ Nettoyez le citron sous l'eau froide. Râpez-le afin de recueillir le zeste, puis pressez-en la moitié. Dans un bol, mélangez le jus, le zeste et le fromage. Poivrez légèrement.

■ Étalez le fromage sur une tranche de pain puis posez le saumon. Étalez une nouvelle couche de fromage sur une tranche de pain et refermez votre club, le saumon pris entre deux couches de fromage. Servez aussitôt.

VARIANTE

Sur du pain de mie, étalez de la mayonnaise mélangée à du raifort râpé. Ajoutez des tranches de rosbif, de la laitue et de la ciboulette.

Pain bagnat

POUR 4 PERSONNES
PRÉPARATION : 15 MIN
CUISSON : 5 MIN
DIFFICULTÉ : TRÈS FACILE
COÛT : BON MARCHÉ

- 4 petits pains blancs ronds
- 1 grosse boîte de thon entier à l'huile d'olive
- 4 feuilles de laitue
- 2 tomates
- 4 œufs
- 20 olives noires à la grecque dénoyautées
- 4 cuil. à café d'huile d'olive
- Sel, poivre

■ Faites cuire les œufs dans de l'eau bouillante salée pendant 5 min. Égouttez-les et rafraîchissez-les sous l'eau froide. Ébouillantez les tomates 30 sec. Passez-les ensuite sous l'eau froide pour ôter plus facilement leur peau et coupez-les en fines tranches. Ouvrez les pains en deux puis faites-les tiédir au four.

■ Dans un bol, émiettez le thon sans l'égoutter. Écalez les œufs et coupez-les en tranches. Commencez par garnir le pain avec le thon à l'huile d'olive (afin que l'huile mouille le pain), posez par-dessus la laitue, les tomates et les olives. Salez, poivrez et versez 1 cuil. à café d'huile d'olive par sandwich. Terminez en couvrant de tranches d'œufs durs et refermez le sandwich avec le pain.

VARIANTES

Vous pouvez varier ce sandwich en ajoutant des anchois, un peu de tapenade, ou de l'aïoli ou encore du pesto.

POUR 4 PERSONNES
PRÉPARATION : 20 MIN
CUISSON : 10 MIN
DIFFICULTÉ : TRÈS FACILE
COÛT : BON MARCHÉ

Burger de poisson

- 4 buns (pains ronds à hamburger)
- 4 filets de cabillaud (dans l'idéal, de la forme des pains)
- 4 carottes
- 1/2 chou blanc
- Le jus de 1 citron
- 4 cuil. à soupe de crème fraîche épaisse
- 1 œuf + 1 jaune d'œuf
- 1 cuil. à café de raifort
- 1 cuil. à café de moutarde
- 100 g de chapelure
- 100 g de farine
- 20 cl d'huile d'olive + 2 cuil. à soupe pour la cuisson du poisson
- Sel, poivre

■ Dans un bol, mélangez la moutarde au jaune d'œuf, puis versez petit à petit les 20 cl d'huile sans cesser de mélanger à l'aide d'un batteur électrique ou d'un fouet. Ajoutez le raifort, la crème fraîche, un peu de sel et de poivre. Épluchez les carottes et retirez les premières feuilles abîmées du chou. Passez ces légumes à la râpe moyenne, mélangez-les et ajoutez la mayonnaise et le jus de citron. Ce coleslaw servira aussi bien de garniture dans le hamburger que d'accompagnement.

■ Battez l'œuf, mettez la farine dans une assiette et la chapelure dans une autre. Faites chauffer l'huile dans une poêle. Passez d'abord les filets de poisson dans la farine, puis dans l'œuf et pour terminer dans la chapelure. Faites cuire (comptez 4 à 5 min de chaque côté) à couvert. Quand vous retournez les filets, ajoutez le pain dans la poêle, côté mie sur le dessous afin qu'il tiédisse. Montez ensuite vos hamburgers dans l'ordre suivant : le bas du pain, du coleslaw (environ 2 cuil.), le poisson, du coleslaw (environ 2 cuil.), le haut du pain.

Colombo de porc

POUR 4 À 6 PERSONNES
PRÉPARATION : 20 MIN
TREMPAGE : 12 H
CUISSON : 1 H 30
DIFFICULTÉ : FACILE
COÛT : BON MARCHÉ

- *2 kg de porc*
- *250 g de malangas (choux des Caraïbes)*
- *2 aubergines*
- *2 courgettes*
- *50 g de haricots blancs*
- *3 oignons*
- *3 gousses d'ail*
- *2 christophines*
- *1 piment antillais*
- *1 cuil. à soupe de persil haché*
- *Le jus de 1/2 citron vert*
- *4 cuil. à café de colombo*
- *1 bouquet garni*
- *4 cuil. à soupe d'huile*
- *25 g de beurre*

■ Mettez les haricots à tremper une nuit dans de l'eau froide.

■ Découpez le porc en morceaux. Épluchez les légumes, lavez-les, égouttez-les. Pelez et émincez les oignons, coupez les aubergines et les courgettes en rondelles. Pelez les gousses d'ail. Lavez le piment et les christophines.

■ Faites dorer les cubes de viande avec l'huile et le beurre dans une cocotte. Ajoutez les oignons, les choux et l'ail. Remuez.

■ Ajoutez les rondelles d'aubergines et de courgettes, les haricots et le bouquet garni. Couvrez d'eau bouillante, jetez la poudre de colombo en remuant. Ajoutez les christophines et laissez cuire 1 h 30 à feu doux. À mi-cuisson, mettez le piment entier ; retirez-le en fin de cuisson.

■ Avant de servir, arrosez avec le jus de citron vert. Remuez bien et servez parsemé de persil haché.

Poulet basquaise

POUR 4 PERSONNES
PRÉPARATION : 25 MIN
CUISSON : 50 MIN
DIFFICULTÉ : TRÈS FACILE
COÛT : BON MARCHÉ

- *1 poulet de 1,2 kg coupé en morceaux*
- *1 tranche de 150 g de jambon de Bayonne*
- *150 g de petits oignons blancs*
- *3 poivrons*
- *3 piments d'Espagne*
- *1 boîte de tomates pelées et épépinées (280 g)*
- *1 petite branche de thym frais*
- *30 cl d'irouléguy rouge ou rosé*
- *25 g de farine*
- *2 cuil. à soupe d'huile d'olive*
- *Sel, poivre du moulin*

■ Coupez le jambon en petits dés. Épépinez les piments et les poivrons, coupez-les en rondelles. Farinez les morceaux de poulet.

■ Faites chauffer l'huile à feu moyen dans une cocotte à fond épais et faites-y revenir les morceaux de poulet 5 min. Ajoutez l'un après l'autre en les faisant revenir, les oignons, le jambon, les poivrons et les piments.

■ Versez le vin et laissez réduire 5 min avant d'ajouter les tomates et le thym. Salez et poivrez.

■ Couvrez la cocotte et faites cuire 50 min.
Servez avec du riz.

Poule farcie à la béarnaise

POUR 6 PERSONNES
PRÉPARATION : 20 MIN
CUISSON : 3 H
DIFFICULTÉ : TRÈS FACILE
COÛT : BON MARCHÉ

- 1 poule fermière de 2 kg avec le foie et le gésier
- 1 tranche de 150 g de jambon de Bayonne avec le gras
- 10 cl de lait
- 2 œufs
- 1 gousse d'ail
- 1 cuil. à soupe de persil plat haché
- Quelques feuilles d'estragon frais
- 50 g de mie de pain rassis
- Sel, poivre du moulin

Pour le bouillon
- 4 carottes
- 2 navets
- 4 blancs de poireaux
- 1 branche de céleri
- 1 oignon piqué de 1 clou de girofle
- 1 petite gousse d'ail
- Sel

■ Faites tremper la mie de pain 15 min dans le lait tiède, puis pressez-la. Coupez en morceaux le foie, le gésier et le jambon. Cassez les œufs en séparant les blancs des jaunes.

■ Mixez ensemble le pain trempé, les jaunes d'œufs, le foie, le gésier, le jambon, les herbes, la gousse d'ail pelée et du poivre.

■ Battez les blancs d'œufs en neige ferme avec 1 pincée de sel, puis incorporez-les délicatement à la farce. Farcissez la poule et cousez les ouvertures.

■ Dans un faitout, portez à ébullition 3 l d'eau, ajoutez la poule et laissez reprendre l'ébullition. Écumez et salez légèrement. Faites cuire 1 h à petits frémissements, couvercle entrouvert.

■ Épluchez et lavez les légumes, ajoutez-les au bout de 1 h de cuisson ainsi que l'oignon et l'ail non pelé. Poursuivez la cuisson 1 h, couvercle entrouvert.

■ Coupez la poule en morceaux et la farce en tranches. Servez-la accompagnée des légumes.

Poulet à la niçoise

POUR 4 PERSONNES
PRÉPARATION : 20 À 30 MIN
CUISSON : 40 MIN
DIFFICULTÉ : FACILE
COÛT : BON MARCHÉ

- *1 poulet de 1,5 kg coupé en morceaux*
- *2 oignons*
- *1 échalote*
- *4 tomates*
- *2 gousses d'ail*
- *1 belle branche d'estragon*
- *1 bouquet de persil plat*
- *10 cl de blanc de Provence*
- *24 olives noires dénoyautées*
- *3 cuil. à soupe d'huile d'olive*
- *1 cuil. à soupe de jus de citron*
- *Sel, poivre du moulin*

■ Épluchez et rapez l'ail. Pelez et hachez les oignons et l'échalote. Lavez et hachez séparément le persil et l'estragon. Pelez, épépinez et hachez les tomates. Salez et poivrez le poulet.

■ Faites dorer le poulet 5 min à l'huile dans une cocotte. Ajoutez les oignons et l'échalote, et faites blondir 5 min. Mettez les tomates, l'ail et l'estragon. Salez, poivrez. Versez le vin, couvrez la cocotte et faites cuire 30 min à feu doux.

■ Ajoutez le jus de citron, les olives et le persil. Poursuivez la cuisson 5 min.

CONSEIL

Servez avec des pommes de terre nouvelles sautées à l'huile d'olive ou avec un riz blanc.

Tortilla au poulet

POUR 4 PERSONNES
PRÉPARATION : 20 MIN
CUISSON : 10 MIN
DIFFICULTÉ : TRÈS FACILE
COÛT : BON MARCHÉ

- 4 tortillas de maïs
- 500 g de poulet
- 10 tomates
- 2 citrons verts
- 1 avocat
- 1 botte de coriandre
- 1 piment vert
- 1 oignon
- 100 g de cheddar
- 4 cuil. à soupe de crème fraîche
- 1 cuil. à soupe d'épices mexicaines
- 2 cuil. à soupe d'huile d'olive
- Sel, poivre

■ Pressez les citrons verts. Pelez-les et hachez-les au couteau. Épluchez et hachez l'oignon. Coupez le piment dans le sens de la longueur. Retirez le pédoncule et les graines blanches. Effeuillez et hachez la coriandre. Ajoutez à la tomate et à l'oignon, le piment et la moitié du jus des citrons. Vérifiez l'assaisonnement et gardez au frais.

■ Épluchez et dénoyautez l'avocat. Écrasez-le à l'aide d'une fourchette, ajoutez les épices et le reste de jus des citrons. Râpez le cheddar. Dans une poêle chaude et huilée, faites cuire le poulet (comptez 4 à 5 min de chaque côté). Quand la viande est cuite, mettez-la de côté et frottez les tortillas sur la poêle pour les tiédir.

■ Disposez les tortillas dans une assiette. Étalez d'abord un peu de purée d'avocat, puis de la sauce tomate. Coupez la viande en morceaux et répartissez-la dans les tortillas. Ajoutez le cheddar et la crème fraîche. Roulez les tortillas et servez aussitôt.

CONSEILS

L'idéal pour cette recette est d'utiliser du poulet rôti. Celui-ci est bien moins sec et a beaucoup plus de goût que de simples blancs de poulet. Ce plat se déguste de préférence accompagné de crudités.

Club volaille, tomates séchées et gouda

POUR 4 PERSONNES
PRÉPARATION : 10 MIN
CUISSON : 10 MIN
REPOS : 30 MIN
DIFFICULTÉ : FACILE
COÛT : BON MARCHÉ

- *8 tranches de pain de mie aux céréales*
- *2 blancs de poulet*
- *100 g de gouda*
- *1 jaune d'œuf*
- *8 tomates séchées*
- *1 cuil. à soupe de mélange chili powder*
- *1 cuil. à café de moutarde de Dijon*
- *4 cuil. à soupe d'huile d'olive*
- *15 cl d'huile de tournesol*
- *Sel, poivre*

■ Dans un bol, mélangez le sel, le poivre, l'huile d'olive et le mélange chili powder. Ajoutez le poulet, mélangez bien et laissez mariner 30 min. Dans une poêle chaude huilée, faites cuire le poulet à couvert (comptez 5 min de chaque côté à feu moyen). Laissez-le tiédir puis coupez-le en tranches fines. Râpez grossièrement le gouda.

■ Dans un bol, mélangez la moutarde au jaune d'œuf, puis versez petit à petit 15 cl d'huile sans cesser de mélanger à l'aide d'un batteur électrique ou d'un fouet. Hachez les tomates séchées et ajoutez-les à la mayonnaise.

■ Sur une tranche de pain, étalez un peu de mayonnaise, posez le poulet puis le gouda et enfin une tranche de pain tartinée de mayonnaise. Dégustez immédiatement.

CONSEIL

Pour accompagner ce club, des salades et des crudités, comme du coleslaw (voir recette p. 66), de la salade de chou rouge ou des carottes râpées, sans oublier de la salade de céleri-rave, sont bienvenues.

Bagel dinde fumée, cheddar, avocat

POUR 4 PERSONNES
PRÉPARATION : 10 MIN
CUISSON : 5 MIN
DIFFICULTÉ : TRÈS FACILE
COÛT : BON MARCHÉ

- 4 bagels au sésame
- 4 tranches de dinde fumée
- 1 avocat
- Le jus de 1/2 citron
- 8 tranches de cheddar (à défaut du gouda ou de la mimolette)
- 6 gouttes de Tabasco
- Sel, poivre

■ Épluchez et dénoyautez l'avocat. Écrasez-le à l'aide d'une fourchette et assaisonnez-le avec le jus du citron, le Tabasco, le sel et le poivre. Coupez les bagels en deux et étalez la purée d'avocat sur chaque face. Posez d'abord une tranche de cheddar, ensuite 1 tranche de dinde et 1 tranche de cheddar.

■ Mettez les bagels dans un gril électrique chaud. Laissez-les 2 à 3 min. Le cheddar doit être fondu et la dinde tiède. Sortez-les du gril et consommez immédiatement.

CONSEIL

Si vous ne possédez pas de gril électrique, faites cuire les bagels dans une poêle chaude sans matière grasse. Mettez un poids sur le bagel et couvrez la poêle. Comptez environ 2 à 3 min de chaque côté.

VARIANTE

Garnissez un bagel aux oignons de brocolis cuits, de saumon fumé et de cottage cheese (fromage anglais frais assez proche de la brousse).

The Big One

POUR 4 PERSONNES
PRÉPARATION : 10 MIN
CUISSON : 10 MIN
DIFFICULTÉ : TRÈS FACILE
COÛT : BON MARCHÉ

- *4 buns (pains ronds à hamburger)*
- *500 g de viande de bœuf hachée*
- *8 tranches de bacon*
- *2 tomates*
- *4 feuilles de laitue*
- *1 oignon rouge*
- *8 tranches de cheddar*
- *2 gros cornichons doux*
- *4 cuil. à soupe de mayonnaise*
- *2 cuil. à soupe de ketchup*

■ Ébouillantez les tomates 30 sec. Passez-les ensuite sous l'eau froide pour ôter plus facilement leur peau et coupez-les en tranches fines. Divisez la viande en 4 steaks. Épluchez et coupez l'oignon en tranches fines. Coupez les cornichons en longues lamelles. Dans un bol, mélangez la mayonnaise au ketchup.

■ Faites chauffer une grande poêle sans matière grasse. Faites cuire le bacon jusqu'à ce qu'il soit bien doré de chaque côté. Réservez. Faites cuire ensuite les steaks. Quand vous les retournez, posez sur le côté cuit 1 tranche de cheddar. En même temps, mettez dans la poêle les pains, côté mie vers le bas, afin qu'ils tiédissent.

■ Pour terminer, montez les hamburgers en mettant dans l'ordre : le bas du pain, 1 cuil. de sauce, la salade, 1 tranche de cheddar, le steak, l'oignon, le bacon, la tomate, les cornichons et le haut du pain.

CONSEILS

Vous pouvez pimenter votre steak avec du Tabasco ou ajouter un peu de poudre de piment. Ces hamburgers seront excellents servis avec une salade de tomates et d'oignons et du coleslaw (râpez 1/2 chou blanc et 4 carottes ; mélangez le tout avec le jus de 1 citron et 6 cuil. à soupe de mayonnaise).

Tacos au bœuf

POUR 4 PERSONNES
PRÉPARATION : 20 MIN
CUISSON : 10 MIN
DIFFICULTÉ : TRÈS FACILE
COÛT : BON MARCHÉ

- *4 tortillas de maïs*
- *500 g de rumsteck*
- *10 tomates*
- *6 feuilles de laitue*
- *1 citron vert*
- *1 botte de coriandre*
- *1 piment vert*
- *1 oignon*
- *100 g de cheddar*
- *4 œufs*
- *2 cuil. à soupe d'huile d'olive*
- *Sel, poivre*

■ Pressez le citron vert. Pelez et hachez les tomates. Épluchez et hachez l'oignon. Coupez le piment dans le sens de la longueur. Retirez le pédoncule et les graines blanches. Effeuillez et hachez la coriandre. Ajoutez à la tomate et à l'oignon, le piment et le jus de citron vert. Vérifiez l'assaisonnement et gardez au frais.

■ Faites cuire les œufs pendant 5 min dans de l'eau bouillante salée. Égouttez-les et rafraîchissez-les sous l'eau froide. Écalez-les et coupez-les ensuite en tranches. Coupez la laitue en fines lamelles. Râpez le cheddar.

■ Dans une poêle chaude et huilée, faites cuire le rumsteck (comptez 4 à 5 min de chaque côté pour qu'il soit saignant). Quand la viande est cuite, sortez-la de la poêle et frottez les tortillas sur la poêle pour les tiédir. Disposez ensuite les tortillas dans des assiettes. Étalez un peu de sauce tomate dessus, la laitue et le cheddar. Coupez la viande en morceaux et répartissez-la dans les tortillas. Ajoutez les œufs, un peu de sel et de poivre, puis roulez les tacos et servez.

POUR 4 PERSONNES
PRÉPARATION : 10 MIN
CUISSON : 10 MIN
DIFFICULTÉ : TRÈS FACILE
COÛT : BON MARCHÉ

Croque jambon cru, comté et noix

- *8 tranches de pain de mie*
- *4 tranches de jambon de Bayonne*
- *100 g de comté vieux en tranches (24 mois minimum)*
- *50 g de beurre demi-sel mou*
- *50 g de cerneaux de noix*

■ Étalez le beurre sur une des faces de chaque tranche de pain. Coupez le jambon en deux. Sur la face non beurrée du pain, mettez une demi-tranche de jambon, répartissez ensuite le fromage, puis les noix et couvrez de jambon. Posez le pain dessus, côté beurre vers l'extérieur.

■ Dans une poêle chaude, faites cuire les croques de chaque côté pendant 3 à 4 min. Le pain doit être bien doré mais pas brûlé, et le fromage fondu. Servez immédiatement.

VARIANTES

Vos croques seront aussi délicieux dorés au four. Vous pouvez utiliser de grandes tranches de pain de campagne et faire varier les ingrédients. N'hésitez pas à combiner différents produits régionaux : munster, lard alsacien, cantal, jambon d'Auvergne, fromage basque, jambon sec breton, camembert...

Club tandoori chutney et coriandre

POUR 4 PERSONNES
PRÉPARATION : 10 MIN
CUISSON : 10 MIN
REPOS : 30 MIN
DIFFICULTÉ : TRÈS FACILE
COÛT : BON MARCHÉ

- *8 tranches de pain de mie aux céréales*
- *2 blancs de poulet*
- *1 petite botte de coriandre*
- *1 yaourt à la grecque*
- *1 pot de chutney à la mangue*
- *1 cuil. à soupe de mélange d'épices tandoori*
- *4 cuil. à soupe d'huile d'olive*
- *Sel, poivre*

■ Dans un bol, mélangez le sel, le poivre, l'huile et le mélange tandoori. Ajoutez le poulet, mélangez bien et laissez mariner 30 min. Dans une poêle chaude, faites cuire le poulet à couvert (comptez 5 min de chaque côté à feu moyen). Laissez-le tiédir puis coupez-le en tranches fines.

■ Sur une tranche de pain, étalez 1 cuil. à café de chutney. Recouvrez de poulet. Effeuillez la coriandre et parsemez-en le poulet. Terminez en étalant sur une tranche de pain 1 cuil. à soupe de yaourt qui servira à coller la coriandre sur la tartine. Servez aussitôt.

CONSEIL

Le meilleur accompagnement de ces clubs ? De bonnes chips bien épaisses et croustillantes !

Chawarma

POUR 4 PERSONNES
PRÉPARATION : 30 MIN
CUISSON : 40 MIN
REPOS : 12 H
DIFFICULTÉ : FACILE
COÛT : BON MARCHÉ

- 4 pitas ou pains libanais
- 1 morceau de 600 g de viande de veau (dans la noix)
- 6 feuilles de laitue
- 2 tomates
- 6 brins de coriandre
- 6 brins de menthe
- 2 yaourts à la grecque

Pour la marinade
- 2 tomates
- Le jus de 1/2 citron jaune
- 4 brins de coriandre
- 4 brins de menthe
- 1 oignon
- 2 pincées de mélange quatre-épices
- 4 cuil. à soupe d'huile d'olive
- Sel, poivre

■ Préparez la marinade. Pelez les tomates. Épluchez l'oignon. Dans le bol d'un mixeur, rassemblez tous les ingrédients de la marinade et faites tourner pendant 1 à 2 min afin d'obtenir une purée lisse. Coupez la viande en tranches de 0,5 cm d'épaisseur. Mettez-les dans un plat et versez la marinade par-dessus. Laissez reposer 12 h au réfrigérateur.

■ Préchauffez votre four à 200 °C (th. 6-7). Embrochez la viande sur une pique à brochettes après l'avoir bien imprégnée de la marinade. Enfournez-la bien droite en posant la pique sur le côté du four et laissez cuire 40 min en l'arrosant du jus de cuisson 2 à 3 fois. Pendant ce temps, effeuillez la menthe et la coriandre. Nettoyez la laitue et coupez en tranches les tomates. Quand la viande est cuite, coupez-la en la tenant droite de façon à obtenir de nombreux petits morceaux. Dans un pain libanais, mettez un peu de yaourt, de salade, des herbes, de la tomate, puis de la viande et dégustez sans attendre.

Falafel

POUR 4 PERSONNES
PRÉPARATION : 30 MIN
CUISSON : 20 MIN
REPOS : 30 MIN
DIFFICULTÉ : TRÈS FACILE
COÛT : BON MARCHÉ

- 4 pitas ou pains libanais
- 6 feuilles de laitue
- 2 tomates
- 1 concombre
- Le jus de 1/2 citron jaune
- 2 yaourts à la grecque
- 4 cuil. à soupe d'huile d'olive
- Huile de friture

Pour les falafels
- 1/2 botte de coriandre
- 2 gousses d'ail
- 1 verre de lait
- 2 œufs
- 400 g de pois chiches cuits en conserve
- 2 tranches de pain rassis
- 2 cuil. à café de cumin en poudre
- Sel, poivre

■ Commencez par faire les falafels. Faites tremper le pain dans le lait. Rincez les pois chiches. Effeuillez la coriandre et épluchez l'ail. Rassemblez tous les ingrédients indiqués dans un mixeur. Faites tourner. Vérifiez l'assaisonnement et laissez reposer 30 min.

■ Épluchez le concombre. Coupez-le en quatre dans le sens de la longueur et retirez les graines. Râpez-le finement. Dans un bol, mélangez les yaourts, le concombre essoré, l'huile d'olive, le jus de citron, salez et poivrez. Gardez au frais. Nettoyez la laitue et coupez les tomates en tranches.

■ Faites chauffer l'huile dans une grande casserole et formez des boulettes de pâte de la taille d'une noix. Faites-les cuire jusqu'à ce qu'elles soient bien dorées. Ouvrez les pains, tartinez l'intérieur de yaourt au concombre, ajoutez la laitue et les tomates et terminez par les falafels chauds. Dégustez aussitôt.

VARIANTES

Vous pouvez pimenter un peu la pâte à falafel. Par ailleurs, toutes les crudités vont très bien avec ces falafels, comme du coleslaw (voir recette p. 66), du chou rouge émincé, des betteraves...

Zouvlaki

POUR 4 PERSONNES
PRÉPARATION : 30 MIN
CUISSON : 20 MIN
REPOS : 1 NUIT
DIFFICULTÉ : TRÈS FACILE
COÛT : RAISONNABLE

- 4 pitas ou pains libanais
- 600 g de gigot d'agneau désossé
- 2 tomates
- 1 concombre
- Le jus de 1/2 citron jaune
- 1 oignon
- 2 yaourts à la grecque
- 4 cuil. à soupe d'huile d'olive

Marinade
- 2 citrons
- 4 branches de thym
- 4 gousses d'ail
- 20 cl de vin rouge
- 20 cl d'huile d'olive
- Sel, poivre

■ Coupez le gigot en cubes de 3 cm. Préparez la marinade. Épluchez et hachez l'ail. Râpez le citron et pressez-le. Mettez tous les ingrédients dans un grand saladier. Mélangez bien et laissez mariner jusqu'au lendemain en arrosant aussi souvent que possible la viande.

■ Épluchez le concombre. Coupez-le en quatre dans le sens de la longueur et retirez les graines. Râpez-le finement. Pressez la chair entre vos mains afin d'enlever le maximum d'eau. Dans un bol, mélangez les yaourts, le concombre, l'huile d'olive, le jus de citron, salez et poivrez. Gardez au frais. Coupez les tomates en tranches. Coupez finement l'oignon.

■ Le jour même, enfilez la viande sur des brochettes (comptez 5 à 6 morceaux par brochette) et continuez à les badigeonner de marinade. Faites chauffer sans matière grasse dans une poêle. Faites cuire les brochettes à feu vif pendant 3 à 4 min de chaque côté. Ouvrez les pains pita, faites-les chauffer. Badigeonnez l'intérieur de marinade, mettez le contenu d'une brochette, un peu de yaourt au concombre, de tomates et d'oignons et servez aussitôt.

Croque-madame

POUR 4 PERSONNES
PRÉPARATION : 10 MIN
CUISSON : 10 MIN
DIFFICULTÉ : TRÈS FACILE
COÛT : BON MARCHÉ

- *8 tranches de pain de mie*
- *4 tranches de jambon blanc de Paris*
- *100 g de gruyère en tranches*
- *50 g de beurre demi-sel mou*
- *4 œufs frais*
- *2 cuil. à soupe d'huile végétale*

■ Étalez le beurre sur une des faces de chaque tranche de pain. Coupez le jambon en deux. Sur la face non beurrée du pain, mettez une demi-tranche de jambon, répartissez ensuite le fromage et couvrez de jambon. Posez le pain dessus, côté beurre vers l'extérieur.

■ Dans une poêle chaude, faites cuire les croques de chaque côté pendant 3 à 4 min. En même temps, faites cuire les œufs au plat dans une poêle chaude huilée. Posez les œufs sur les croques. Ils doivent être bien dorés mais pas brûlés, et le fromage fondu. Servez immédiatement.

CONSEIL
Servez ces croques avec une salade de laitue, tomates et oignons.

VARIANTES
Vous pouvez bien sûr essayer cette recette avec d'autres fromages comme le comté, le beaufort, le gruyère suisse ou l'estivaz. Par ailleurs, vous pouvez épicer les sandwichs avec du Tabasco, du poivre ou pourquoi pas un peu de curry ou de tandoori.

Tarte flambée

POUR 4 PERSONNES
PRÉPARATION : 15 MIN
CUISSON : 15 À 20 MIN
DIFFICULTÉ : FACILE
COÛT : RAISONNABLE

- *250 g de pâte à pizza toute prête*

Pour la garniture
- *4 fines tranches de poitrine fumée*
- *25 cl de crème fraîche*
- *1 ou 2 gros oignons*
- *1 cuil. à café de Maïzena*
- *1/2 cuil. à café de vinaigre*
- *20 g de beurre*
- *1 cuil. à soupe d'huile*
- *Sel, poivre*

■ Coupez les oignons en fines lamelles et faites-les blondir avec le beurre et l'huile dans une poêle. Ajoutez la crème. Laissez mijoter de 2 à 3 min.

■ Délayez la Maïzena dans 5 cl d'eau froide et le vinaigre. Versez dans la poêle, faites épaissir en remuant. Salez, poivrez. Préchauffez le four à 220 °C (th. 7-8).

■ Étendez la pâte assez finement comme pour une pizza. Posez-la directement sur la plaque à pâtisserie du four (non émaillée), et recouvrez-la avec la préparation aux oignons en ménageant un bord de 2 cm tout autour. Posez par dessus les tranches de poitrine fumée et faites cuire 15 à 20 min.

Légumes sauce poulette

POUR 4 PERSONNES
PRÉPARATION : 20 MIN
CUISSON : 35 MIN
DIFFICULTÉ : TRÈS FACILE
COÛT : BON MARCHÉ

- 6 carottes
- 6 navets
- 30 g de beurre
- 2 cuil. à soupe de crème fraîche épaisse
- 1 jaune d'œuf
- 1 cuil. à café de sucre
- 1 cuil. à café de jus de citron
- Sel

■ Faites bouillir une grande casserole d'eau. Salez-la. Grattez les carottes, coupez-les en deux dans la longueur, recoupez-les en rondelles. Jetez-les dans l'eau bouillante et laissez-les cuire 20 min.

■ Épluchez les navets, coupez-les en morceaux, ajoutez-les aux carottes après 10 min de cuisson. Laissez la cuisson s'achever.

■ Lorsque les légumes sont juste tendres, égouttez-les. Faites fondre le beurre dans une casserole à fond épais, ajoutez les légumes et retournez-les délicatement dans le beurre quelques instants, sans les écraser. Poudrez de sucre et mélangez encore. Ajoutez la crème fraîche et laissez mijoter encore quelques instants.

■ Mélangez le jaune d'œuf avec le jus de citron, ajoutez-le hors du feu au contenu de la casserole, mélangez et servez très chaud en garniture d'une viande ou d'une volaille.

Aubergines à la bordelaise

POUR 4 PERSONNES
PRÉPARATION : 15 MIN
CUISSON : 25 MIN
DÉGORGEMENT : 1 H
DIFFICULTÉ : FACILE
COÛT : BON MARCHÉ

- 4 aubergines moyennes
- 3 gousses d'ail
- 1 petit bouquet de persil plat
- 1 cuil. à soupe de chapelure
- 10 cl d'huile d'olive
- Gros sel, sel fin, poivre du moulin

■ Lavez, essuyez les aubergines, ôtez-en les queues, et coupez-les sans les peler en lamelles d'environ 1 cm d'épaisseur.

■ Poudrez chaque lamelle de gros sel et mettez-les à égoutter dans une passoire pendant 1 h. Pressez bien avec les mains pour qu'elles rendent leur eau, puis essuyez-les avec un papier absorbant pour bien les sécher.

■ Faites chauffer l'huile d'olive à feu moyen dans une grande poêle et faites-y cuire les aubergines 20 min, en les retournant de temps en temps avec une spatule afin qu'elles dorent bien régulièrement. Poivrez et rectifiez au besoin l'assaisonnement en sel.

■ Lavez, essuyez et hachez le persil. Pelez les gousses d'ail et écrasez-les au presse-ail. Mélangez le persil et l'ail avec la chapelure. Faites revenir ce hachis 5 min dans la poêle en veillant à ce que l'ail cuise sans brûler. Retirez les aubergines avec une écumoire et servez aussitôt.

Tartine caviar d'aubergines, tomates confites et ciboulette

POUR 4 PERSONNES
PRÉPARATION : 10 MIN
CUISSON : 30 MIN
DIFFICULTÉ : TRÈS FACILE
COÛT : BON MARCHÉ

- *4 grandes tranches de pain de campagne*
- *1 tomate*
- *2 aubergines*
- *1 botte de ciboulette*
- *1 gousse d'ail*
- *16 pétales de tomates confites (à ne pas confondre avec les tomates séchées – à acheter au rayon frais traiteur)*
- *2 anchois au sel*
- *2 cuil. à soupe d'huile d'olive*
- *Sel, poivre*

■ Commencez par préparer le caviar d'aubergines. Préchauffez votre four à 200 °C (th. 6-7). Piquez les aubergines avec une fourchette et enfournez-les pendant 30 min. Laissez-les refroidir puis coupez-les en deux pour retirer la chair en laissant la peau.

■ Ébouillantez la tomate 30 sec. Passez-la ensuite sous l'eau froide pour ôter plus facilement sa peau et hachez-la. Hachez aussi les anchois et la chair des aubergines. Mélangez tous ces ingrédients. Ajoutez l'huile d'olive et vérifiez l'assaisonnement. Hachez la ciboulette.

■ Faites griller le pain. Frottez-le avec la gousse d'ail épluchée, tartinez de caviar d'aubergines, répartissez les tomates confites et saupoudrez de ciboulette. Servez immédiatement.

VARIANTES

Si vous le désirez, vous pouvez ajouter à cette tartine des morceaux de mozzarella, des anchois marinés, ou encore des morceaux de fromage de chèvre un peu sec.

Artichauts à la provençale

**POUR 6 PERSONNES
PRÉPARATION ET
CUISSON : 50 MIN
DIFFICULTÉ : FACILE
COÛT : BON MARCHÉ**

- *18 petits artichauts violets de Provence*
- *2 citrons*
- *15 cl d'huile d'olive*
- *Sel, poivre du moulin*

■ Rompez la queue des artichauts et retirez les premières feuilles. Coupez le bout des autres avec des ciseaux. Ensuite, coupez en deux les citrons et frottez les artichauts avec ces demi-citrons.

■ Salez et poivrez légèrement les artichauts entre chaque feuille et enduisez-les largement d'huile à l'aide d'un pinceau. Rangez-les dans le fond d'une cocotte, les pointes vers le haut.

■ Arrosez-les du reste d'huile et versez assez d'eau froide pour les recouvrir.

■ Portez à ébullition à feu très vif et faites réduire totalement le liquide. En fin de cuisson, il ne doit rester que l'huile dans le fond de la cocotte.

■ Déposez vos artichauts sur un plat chaud et servez aussitôt.

CONSEIL

Ces artichauts violets à la provençale se mangent entièrement, y compris le haut des feuilles et le foin.

Artichauts à la mode de Rennes

POUR 4 PERSONNES
PRÉPARATION : 30 MIN
CUISSON : 1 H
DIFFICULTÉ : FACILE
COÛT : BON MARCHÉ

- *400 g de lard maigre demi-sel*
- *4 artichauts*
- *3 carottes*
- *2 oignons*
- *1 branche de thym*
- *1 clou de girofle*
- *1 feuille de laurier*
- *1 cuil. à soupe de persil plat haché*
- *1 citron*
- *1 tablette de bouillon de volaille*
- *20 cl de cidre brut*
- *2 cuil. à soupe de vinaigre*
- *Sel, poivre du moulin*

■ Mettez le lard dans une casserole d'eau froide, portez à ébullition, laissez frémir 10 min, puis rafraîchissez-le et coupez-le en fines tranches. Arrachez la queue des artichauts, coupez-les au tiers de la hauteur et recoupez-les en quatre, ôtez le foin et lavez les quartiers dans de l'eau vinaigrée.

■ Grattez les carottes et coupez-les en rondelles. Pelez les oignons et taillez-les en lamelles.

■ Tapissez une cocotte avec le lard. Disposez dessus les carottes, les oignons, le thym, le laurier, le clou de girofle. Émiettez dessus la tablette de bouillon et rangez les quartiers d'artichauts dans la cocotte. Salez légèrement, poivrez, arrosez avec 20 cl d'eau chaude et avec le cidre. Couvrez, portez à ébullition, puis laissez cuire 1 h à feu doux.

■ Lorsque les légumes sont tendres, disposez-les sur un plat avec leur garniture. Coupez le citron en rondelles et disposez-les autour des artichauts, parsemez de persil et servez chaud.

Ratatouille niçoise

POUR 6 PERSONNES
PRÉPARATION : 30 MIN
CUISSON : 2 H 30
DIFFICULTÉ : FACILE
COÛT : BON MARCHÉ

- 500 g d'aubergines
- 500 g de poivrons
- 500 g de courgettes
- 500 g d'oignons
- 750 g de tomates
- 4 gousses d'ail
- 1 petite branche de thym frais
- 1 branche de basilic frais
- 10 cuil. à soupe d'huile d'olive
- Sel, poivre du moulin

■ Lavez les courgettes et les aubergines, coupez-les en rondelles sans les peler. Retirez la queue, les graines et les filaments des poivrons, coupez-les en fines rondelles. Pelez et écrasez l'ail. Épluchez les oignons, coupez-les en morceaux. Pelez, épépinez les tomates, hachez-les grossièrement.

■ Faites chauffer 2 cuil. à soupe d'huile à feu doux, dans une sauteuse et faites-y cuire les aubergines 10 min, en les remuant de temps en temps. Retirez les aubergines et mettez-les de côté. Versez dans la sauteuse 2 cuil. à soupe d'huile, ajoutez les courgettes et faites-les cuire 10 min. Mettez-les de côté. Procédez de même pour les poivrons, puis pour les oignons.

■ Versez le reste d'huile dans une cocotte à fond épais. Ajoutez-y tous les légumes revenus, les tomates, le thym émietté et les feuilles de basilic frais. Salez et poivrez. Laissez mijoter à feu très doux, couvercle entrouvert, pendant 2 h environ.

Courgettes en salade

POUR 4 PERSONNES
PRÉPARATION : 10 MIN
CUISSON : 20 MIN
MARINADE : 1 H
DIFFICULTÉ : TRÈS FACILE
COÛT : BON MARCHÉ

- *600 g de courgettes longues et fines*
- *1/2 cuil. à café de graines de coriandre*
- *1/2 cuil. à café de cumin en poudre*
- *2 gousses d'ail*
- *2 pincées de piment en poudre*
- *Le jus de 1/2 citron*
- *1 cuil. à soupe d'huile d'olive*
- *Sel*

■ Pelez les courgettes, coupez-les en quatre de haut en bas et recoupez-les en tronçons de 6 cm de long. Pelez l'ail et écrasez-le.

■ Faites chauffer 75 cl d'eau avec la coriandre, le cumin, l'ail, le piment et l'huile. Salez. Déposez les courgettes dans le liquide bouillant et laissez cuire 15 min. Retirez les courgettes avec une écumoire et déposez-les dans un plat. Arrosez avec le jus de citron.

■ Réduisez le jus de cuisson de moitié à feu vif et versez-le sur les courgettes à travers une passoire fine. Laissez mariner 1 h au réfrigérateur. Servez frais.

Curry de légumes

POUR 4 PERSONNES
PRÉPARATION : 25 MIN
CUISSON : 40 MIN
DIFFICULTÉ : FACILE
COÛT : BON MARCHÉ

- 2 carottes
- 1 courgette
- 1 aubergine
- 1 poivron rouge
- 1 gros blanc de poireau
- 1/2 petit chou-fleur
- 100 g de haricots verts
- 20 cl de coulis de tomate
- 2 oignons
- 2 gousses d'ail
- 10 cl de lait de coco
- 1 cuil. à soupe de curry
- 15 graines de coriandre
- 4 petites gousses de cardamome
- 1 cuil. à soupe d'huile
- Sel

■ Grattez les carottes, coupez-les en croix de haut en bas et recoupez-les en tronçons de 4 cm. Pelez la courgette, coupez-la en croix de haut en bas et recoupez-la en tronçons de 2 cm. Coupez l'aubergine en cubes de 2 cm. Retirez le pédoncule, les graines et les filaments blancs du poivron et coupez la pulpe en petits carrés. Nettoyez le blanc de poireau et coupez-le en tronçons de 2 cm. Détachez le chou-fleur en petits bouquets. Équeutez les haricots verts, lavez-les et cassez-les en tronçons de 3 cm. Pelez les oignons et hachez-les. Pelez l'ail et passez-le au presse-ail. Écrasez les gousses de cardamome et récupérez les graines. Pilez-les avec la coriandre.

■ Faites chauffer l'huile dans une sauteuse. Faites-y dorer les oignons, le poireau et le poivron. Poudrez de curry, ajoutez la coriandre et la cardamome et faites revenir encore 1 min en mélangeant. Ajoutez alors l'ail, puis le reste des légumes. Mélangez sur feu vif pendant 3 à 4 min.

■ Versez le coulis de tomate, ajoutez le lait de coco, mélangez, salez. Couvrez et laissez mijoter 30 min. Servez chaud.

Gratin dauphinois

POUR 6 PERSONNES
PRÉPARATION : 25 MIN
CUISSON : 1 H 30
UNE PORTION CONTIENT
DIFFICULTÉ : FACILE
COÛT : BON MARCHÉ

- *1,5 kg de pommes de terre farineuses*
- *5 grosses gousses d'ail*
- *100 g de beurre mou*
- *1 litre de lait cru*
- *30 cl de crème fleurette*
- *1 bonne pincée de noix muscade (facultatif)*
- *Sel, poivre*

■ Pelez, lavez et essuyez les pommes de terre. Coupez-les en fines rondelles (ne les lavez pas pour qu'elles conservent leur amidon).

■ Dans une marmite, faites bouillir le lait avec l'ail haché, la noix muscade, du sel et du poivre. Jetez les pommes de terre dans le lait bouillant. Laissez cuire pendant 10 min sur feu doux en surveillant, car cette préparation a tendance à attacher.

■ Préchauffez le four à 170 °C (th. 5-6). Versez la préparation dans un grand plat à gratin beurré, arrosez de crème. Salez, poivrez encore un peu le dessus et parsemez de noisettes de beurre. Enfournez à mi-hauteur et faites cuire pendant 1 h 30. Servez ce gratin en accompagnement d'une viande ou d'une volaille.

Piperade basquaise

POUR 4 PERSONNES
PRÉPARATION : 25 MIN
CUISSON : 1 H 10
DIFFICULTÉ : FACILE
COÛT : BON MARCHÉ

- *4 œufs*
- *6 piments verts longs doux*
- *2 piments d'Espelette*
- *4 grosses tomates*
- *2 gros oignons*
- *1 gousse d'ail*
- *1 bouquet garni (thym frais, persil plat, laurier)*
- *2 cuil. à soupe d'huile d'olive*
- *Sel, poivre du moulin*

■ Ébouillantez les tomates, pelez-les, épépinez-les et coupez-les en morceaux.

■ Épluchez les oignons et l'ail, émincez les oignons et écrasez l'ail. Épépinez les piments verts et coupez-les en lamelles. Fendez les piments d'Espelette et éventuellement épépinez-les.

■ Faites chauffer l'huile à feu plutôt doux dans une sauteuse et faites blondir les oignons 5 min. Ajoutez les tomates, les piments verts et l'ail, salez et poivrez et ajoutez les piments d'Espelette et le bouquet garni. Couvrez la sauteuse et faites cuire 1 h à feu doux en remuant plusieurs fois.

■ Battez les œufs en omelette avec du sel et du poivre, versez-les sur la piperade et incorporez-les doucement. Poursuivez la cuisson 5 min à feu très doux.

VARIANTE

La piperade à la béarnaise comporte des câpres et des rondelles de cornichons au vinaigre ajoutés en même temps que les tomates et, en fin de cuisson, un hachis d'ail et de fines herbes.

Tarte de petits pois à la menthe

POUR 6 PERSONNES
PRÉPARATION : 10 MIN
CUISSON : 40 MIN
DIFFICULTÉ : FACILE
COÛT : BON MARCHÉ

- *250 g de pâte brisée étalée*
- *500 g de petits pois surgelés*
- *3 cuil. à soupe de menthe hachée*
- *3 œufs*
- *20 cl de crème liquide*
- *Sel*

■ Déposez la pâte avec son papier sulfurisé dans une tourtière de 28 cm de diamètre.

■ Préchauffez le four à 180 °C (th. 6). Faites décongeler les petits pois 2 min au four à micro-ondes ou 1 min dans de l'eau bouillante salée. Égouttez-les.

■ Dans un saladier, battez les œufs puis ajoutez la crème et la menthe. Salez.

■ Répartissez les petits pois dans le fond de la tourtière et versez le mélange crème-œufs-menthe. Enfournez et laissez cuire 40 min environ.

CONSEILS

Vous pouvez tout aussi bien déguster cette tarte froide. Pour une présentation personnalisée, vous pouvez utiliser de petits moules individuels.

Tarte au chèvre et aux épinards

POUR 6 PERSONNES
PRÉPARATION : 10 MIN
CUISSON : 40 MIN
DIFFICULTÉ : FACILE
COÛT : BON MARCHÉ

- *250 g de pâte brisée étalée*
- *500 g d'épinards hachés surgelés*
- *3 petits chèvres style Rocamadour*
- *3 œufs*
- *20 cl de crème liquide*
- *Sel*

■ Déposez la pâte avec son papier sulfurisé dans une tourtière de 28 cm de diamètre.

■ Préchauffez le four à 180 °C (th. 6). Faites décongeler les épinards 6 min au four à micro-ondes ou 4 min dans de l'eau bouillante salée. Égouttez-les.

■ Dans un saladier, battez les œufs puis ajoutez la crème. Salez.

■ Répartissez les épinards dans le fond de tarte. Coupez les fromages en deux dans l'épaisseur et placez-les sur les épinards. Versez le mélange crème-œufs, enfournez et laissez cuire 40 min environ.

CONSEIL

Vous pouvez déguster cette tarte froide.

Purée bretonne

POUR 4 PERSONNES
PRÉPARATION : 30 MIN
TREMPAGE : 8-12 H
CUISSON : 1 H 30
DIFFICULTÉ : TRÈS FACILE
COÛT : BON MARCHÉ

- *300 g de haricots blancs secs*
- *2 oignons*
- *2 clous de girofle*
- *1 gousse d'ail*
- *2 tomates*
- *1 bouquet garni*
- *10 cl de crème fraîche*
- *50 g de beurre*
- *Sel*

■ Faites tremper les haricots de 8 à 12 h dans de l'eau froide. Égouttez les haricots. Pelez les oignons et piquez-les des clous de girofle. Pelez les tomates, hachez-les grossièrement. Pelez l'ail. Mettez ces ingrédients dans un faitout, ajoutez le bouquet garni. Couvrez largement d'eau froide, portez à ébullition et laissez cuire 1 h 30 environ à feu doux, jusqu'à ce que les haricots soient tendres. Salez avant les dernières 30 min de cuisson.

■ Égouttez les haricots, jetez les aromates et passez les légumes au moulin à légumes, grille fine.

■ Versez la purée obtenue dans une casserole, faites-la réchauffer à feu doux tout en y incorporant vigoureusement le beurre et la crème, petit à petit.

CONSEIL

Plutôt qu'un robot, mieux vaut employer le moulin classique qui retiendra les peaux grâce à sa grille.

VARIANTE

Vous pouvez ajouter un peu de lard à la cuisson des haricots ; retirez-le avant de passer les légumes au moulin.

Pommes de terre à la bretonne

POUR 5 PERSONNES
PRÉPARATION : 30 MIN
CUISSON : 1 H 30
DIFFICULTÉ : TRÈS FACILE
COÛT : BON MARCHÉ

- *200 g de lard*
- *1 kg de pommes de terre*
- *4 gros oignons*
- *4 gousses d'ail*
- *1 cuil. à soupe de concentré de tomate*
- *25 cl de bouillon*
- *25 cl de cidre brut*
- *1 cuil. à soupe de farine*
- *1 cuil. à soupe de saindoux*
- *Sel, poivre du moulin*

■ Épluchez les pommes de terre, lavez-les, coupez-les en fines rondelles. Pelez les oignons, coupez-les en anneaux très fins. Pelez l'ail et écrasez-le. Coupez le lard en lanières.

■ Préchauffez le four à 170 °C (th. 5-6). Faites fondre le saindoux dans une casserole, faites-y dorer les lardons et les oignons, poudrez de farine, mélangez, arrosez avec le bouillon et le cidre. Incorporez l'ail et le concentré de tomate. Salez légèrement et poivrez.

■ Disposez la moitié des pommes de terre dans un plat à gratin. Ajoutez la moitié du contenu de la casserole, recouvrez avec le reste des pommes de terre et le reste du contenu de la casserole. Le liquide doit arriver juste à hauteur des pommes de terre ; s'il n'y en a pas assez, complétez avec du cidre. Faites cuire environ 1 h 30 au four, jusqu'à ce que les pommes de terre soient bien tendres. Servez chaud dans le plat de cuisson.

CONSEIL

Si vous employez du lard demi-sel, prenez soin de le blanchir au préalable (portez-le à ébullition dans une casserole d'eau froide et laissez frémir 10 min) pour qu'il ne soit pas trop salé.

Galette de pommes de terre

POUR 4 PERSONNES
PRÉPARATION : 10 MIN
CUISSON : 20 MIN
DIFFICULTÉ : TRÈS FACILE
COÛT : BON MARCHÉ

- *600 g de pommes de terre*
- *30 g de beurre*
- *Sel, poivre du moulin*

■ Épluchez les pommes de terre, puis lavez-les soigneusement et râpez-les (grosseur moyenne).

■ Mettez la moitié du beurre dans une grande poêle à revêtement antiadhésif, faites-le fondre. Versez-y les pommes de terre, égalisez-les en les tassant à l'aide d'une fourchette. Laissez cuire 10 min à feu doux jusqu'à ce que la première face soit dorée.

■ Faites glisser la galette sur une assiette, faites fondre le reste du beurre dans la poêle et faites-y dorer 10 min la seconde face de la galette, toujours à feu doux pour que l'intérieur cuise en même temps. Salez, poivrez et servez sans attendre.

VARIANTE

Il existe bien des galettes de pommes de terre en Bretagne. Certaines sont préparées à partir de pommes de terre cuites en robe des champs, réduites en purée additionnée de farine et de beurre ; cette pâte (1 kg de pommes de terre pour 500 g de farine et 350 g de beurre) est étendue au rouleau à pâtisserie sur 1 cm d'épaisseur, dorée au jaune d'œuf et cuite à four chaud.

Massicis au lard

POUR 4 PERSONNES
PRÉPARATION : 10 MIN
CUISSON : 25 MIN
DIFFICULTÉ : TRÈS FACILE
COÛT : BON MARCHÉ

- *100 g de lard fumé*
- *8 massicis ou 2 concombres*
- *1 piment antillais*
- *2 gousses d'ail*
- *2 oignons*
- *1 cuil. à soupe de thym frais*
- *1 cuil. à soupe d'huile d'olive*
- *25 g de beurre*
- *Sel, poivre du moulin*

■ Pelez grossièrement les massicis ou les concombres. Coupez-les en deux et ôtez les graines. Dans une casserole d'eau salée bouillante, faites-les pocher 5 min. Égouttez-les.

■ Retirez la couenne du lard et coupez-le en bâtonnets. Épluchez l'ail et écrasez-le au presse-ail. Lavez le piment, ôtez le pédoncule et les graines à l'aide d'un couteau pointu ; rincez et hachez la pulpe. Épluchez les oignons et émincez-les.

■ Dans une poêle, faites chauffer l'huile et le beurre, et faites-y revenir les lardons, les oignons, le piment, l'ail et le thym 5 min à feu doux, en tournant avec une cuillère en bois. Ajoutez les massicis (ou les morceaux de concombre) dans la poêle. Salez, poivrez et laissez cuire environ 15 min. Servez aussitôt.

Pommes de terre parfumées

POUR 4 PERSONNES
PRÉPARATION : 25 MIN
CUISSON : 25 MIN
DIFFICULTÉ : FACILE
COÛT : BON MARCHÉ

- *650 g de petites pommes de terre à chair ferme*
- *25 cl de bouillon*
- *4 petites gousses de cardamome*
- *10 graines de coriandre*
- *3 pincées de cumin en poudre*
- *5 pincées de cannelle*
- *2 pincées de noix muscade*
- *1 pincée de girofle en poudre*
- *1/2 cuil. à café de curcuma*
- *1 pincée de piment en poudre*
- *2 gousses d'ail*
- *1/2 cuil. à soupe d'huile*
- *20 g de beurre*
- *Sel, poivre*

■ Épluchez les pommes de terre, lavez-les, essuyez-les, puis coupez-les en rondelles. Faites chauffer l'huile dans une casserole à revêtement antiadhésif. Ajoutez alors le beurre. Faites-y dorer les pommes de terre 10 min, en secouant régulièrement la casserole.

■ Pelez l'ail, hachez-le au-dessus des pommes de terre. Poudrez de curcuma et mélangez. Ajoutez le piment au bouillon, versez sur les pommes de terre, salez plus ou moins (selon le bouillon). Portez à ébullition, couvrez et laissez cuire 15 min.

■ Écrasez les gousses de cardamome et récupérez les graines. Écrasez grossièrement les graines de coriandre. Mélangez la cardamome, la coriandre, le cumin, la cannelle, la noix muscade, le girofle et 2 pincées de poivre.

■ Lorsque les pommes de terre sont tendres, ajoutez le mélange d'épices, remuez délicatement, remettez le couvercle et laissez reposer 2 min.

Légumes et féculents

POUR 6 PERSONNES
PRÉPARATION : 5 MIN
CUISSON : 30 MIN
DIFFICULTÉ : TRÈS FACILE
COÛT : BON MARCHÉ

Pennes aux légumes du soleil

- *600 g de légumes pour ratatouille surgelés*
- *2 cuil. à café d'ail haché surgelé*
- *6 cuil. à soupe de basilic haché surgelé*
- *750 g de pennes*
- *6 cuil. à soupe d'huile d'olive*
- *Sel*

■ Dans une grande poêle, faites chauffer l'huile à feu vif puis ajoutez l'ail et les légumes. Quand ils commencent à être bien dorés, baissez le feu et continuez la cuisson pendant 25 min.

■ Faites cuire les pâtes dans un grand volume d'eau salée. Égouttez-les puis mélangez-les aux légumes. Parsemez de basilic juste avant de servir.

Riz à l'espagnole

POUR 4 PERSONNES
PRÉPARATION : 15 MIN
CUISSON : 30 MIN
DIFFICULTÉ : FACILE
COÛT : BON MARCHÉ

- 250 g de riz
- 2 blancs de poulet
- 100 g de crevettes décortiquées
- 1 boîte de petits pois et carottes de 200 ml
- 1 poivron rouge
- 2 gousses d'ail
- 1 gros oignon
- 50 cl de bouillon de volaille
- 2 cuil. à soupe d'huile d'olive
- 1/2 cuil. à café d'épices pour paella
- Poivre

■ Pelez l'ail et passez-le au presse-ail. Épluchez l'oignon et hachez-le finement. Lavez le poivron, ôtez le pédoncule, les graines et les filaments blancs, coupez la pulpe en dés. Taillez les blancs de poulet en dés également.

■ Faites chauffer l'huile dans une sauteuse à revêtement antiadhésif. Faites-y fondre l'oignon, le poivron et l'ail pendant 2 min. Faites chauffer le bouillon.

■ Ajoutez le poulet dans la sauteuse et laissez-le blondir légèrement. Poudrez avec les épices, mélangez, versez le riz et remuez. Laissez chauffer jusqu'à ce qu'il devienne translucide. Arrosez alors avec le bouillon, poivrez, couvrez et laissez cuire 10 min à feu doux.

■ Ajoutez les crevettes, les petits pois, les carottes et leur jus. Laissez cuire encore 10 min à couvert et à feu doux. Laissez reposer 5 min avant de servir.

Pâtes au pistou

POUR 4 PERSONNES
PRÉPARATION : 30 MIN
CUISSON : 10 MIN
DIFFICULTÉ : FACILE
COÛT : BON MARCHÉ

- 350 g de pâtes

Pour la sauce
- 1 tomate
- 4 gousses d'ail
- 1 beau bouquet de basilic frais
- 100 g de parmesan
- 8 cuil. à soupe d'huile d'olive
- Sel, poivre du moulin

■ Faites griller la tomate 10 min sous le gril du four très chaud.

■ Écrasez quelques grains de poivre au rouleau. Épluchez et écrasez l'ail. Lavez, essuyez et hachez le basilic. Mettez le basilic dans un bol avec l'ail et tournez jusqu'à obtention d'une sorte de pommade. Râpez le parmesan, incorporez-le à la préparation ainsi que la tomate pelée, épépinée et hachée. Puis, procédez comme pour une mayonnaise en versant goutte à goutte 6 cuil. à soupe d'huile d'olive. Poivrez avec le poivre concassé, salez.

■ Faites cuire les pâtes dans une grande quantité d'eau bouillante salée contenant 1 cuil. à soupe d'huile, et en suivant les indications sur le paquet.

■ Égouttez les pâtes et mettez-les dans un plat creux. Arrosez de la dernière cuillerée d'huile et mélangez. Ajoutez le pistou et mélangez encore. Servez aussitôt.

Péla ou tartiflette

POUR 6 PERSONNES
PRÉPARATION : 30 MIN
CUISSON : 20 MIN
DIFFICULTÉ : TRÈS FACILE
COÛT : BON MARCHÉ

- *1 kg de pommes de terre*
- *2 gros oignons*
- *1 reblochon bien crémeux*
- *50 g de beurre*
- *3 cuil. à soupe d'huile*
- *Sel, poivre*

■ Faites chauffer le beurre et l'huile dans une sauteuse sur feu vif et faites-y dorer les oignons émincés pendant 5 min. Ajoutez ensuite les pommes de terre coupées en petits dés et faites-les dorer 20 min en remuant souvent jusqu'à ce qu'elles deviennent croustillantes. Salez et poivrez.

■ Grattez légèrement la croûte du reblochon et coupez-le en deux. Dans un plat à gratin beurré, étalez les pommes de terre et les oignons, posez le reblochon par-dessus, croûte en-dessus.

■ Passez au gril jusqu'à ce que le reblochon soit fondu et gratiné.

CONSEIL

Servez avec une salade frisée assaisonnée de croûtons frottés d'ail. Accompagnez d'une bouteille de crépy.

VARIANTES

Vous pouvez éventuellement ajouter aux pommes de terre 100 g de lardons fumés. La péla peut également se faire à la poêle, pour cela procédez comme pour la première étape. Puis, lorsque tout est bien doré, salez, poivrez et posez dessus le reblochon débarrassé de sa mince épaisseur de croûte. Couvrez puis réduisez le feu à doux et laissez cuire encore 20 min, jusqu'à ce que le reblochon enrobe bien les pommes de terre.

POUR 6 PERSONNES
PRÉPARATION : 15 MIN
DIFFICULTÉ : TRÈS FACILE
COÛT : BON MARCHÉ

Sandwichs glacés

- *25 cl de crème glacée à la vanille*
- *2 sachets de sauce au chocolat surgelés*
- *12 gaufres sèches*

■ Dans une casserole, faites tiédir de l'eau. Ôtez la casserole du feu et plongez les sachets de sauce au chocolat dans l'eau pendant 20 min.

■ Sortez la crème glacée 5 min avant de servir. Avec une cuillère à glace, formez 6 boules de vanille que vous viendrez déposer sur 6 gaufres. Recouvrez chaque boule d'une seconde gaufre.

■ Dressez dans des assiettes et versez la sauce au chocolat au moment de servir.

Oreillettes

POUR 20 OREILLETTES
PRÉPARATION : 30 MIN
REPOS : 2 H
DIFFICULTÉ : FACILE
COÛT : BON MARCHÉ

- *500 g de farine tamisée*
- *4 jaunes d'œufs*
- *170 g de sucre en poudre*
- *1 cuil. à soupe d'eau de fleur d'oranger*
- *Huile de friture*

■ Mettez la farine dans une jatte, creusez un puits au centre et ajoutez 120 g de sucre, les jaunes d'œufs ainsi que l'eau de fleur d'oranger.

■ Pétrissez la pâte en y incorporant 10 à 15 cl d'eau, la pâte doit être ferme mais souple. Roulez-la en boule et laissez-la reposer 2 h au frais, roulée dans une feuille d'aluminium.

■ Étalez-la sur le plan de travail fariné sur une épaisseur d'environ 2 à 3 mm.

■ Avec une roulette à pâtisserie, coupez la pâte en rectangles de 8 x 6 cm. Fendez ces derniers plusieurs fois dans la longueur avec la roulette en laissant un bord plein aux deux extrémités.

■ Plongez les oreillettes dans la friture chaude et retirez-les dès qu'elles sont dorées et gonflées. Égouttez-les sur un papier absorbant, saupoudrez du reste de sucre.

VARIANTE

Au lieu de fendre les oreillettes, on peut simplement les pincer au milieu du rectangle avec les doigts. Dans ce cas, elles portent le nom de ganses.

Pompe de Noël

POUR 4 POMPES
PRÉPARATION : 30 MIN
REPOS : 5 H
CUISSON : 20-25 MIN
DIFFICULTÉ : DIFFICILE
COÛT : BON MARCHÉ

- *500 g de farine tamisée*
- *25 g de levure de boulanger*
- *2 cuil. à soupe d'eau de fleur d'oranger*
- *2 œufs*
- *1 cuil. à soupe de graines de fenouil moulues ou 1 cuil. à soupe de pastis*
- *6 cuil. à soupe d'huile d'olive*
- *1 pincée de sel*

■ Émiettez la levure et mélangez-la avec l'eau de fleur d'oranger chauffée à 37 °C. Ajoutez 100 g de farine et délayez avec de l'eau chauffée à 37 °C pour obtenir une boule de pâte souple. Entaillez le dessus de ce levain en croix. Couvrez le bol et laissez gonfler au chaud et à l'abri des courants d'air jusqu'à ce que l'entaille ne soit plus visible.

■ Creusez un puits dans le reste de farine et ajoutez-y l'huile, les œufs battus, le sel, le fenouil ou le pastis et le levain. Mélangez bien et formez une boule. Pétrissez-la longuement afin d'obtenir une pâte ferme. Couvrez la pâte d'un torchon et laissez-la lever environ 3 h au chaud et à l'abri des courants d'air.

■ Pétrissez de nouveau la pâte pour lui redonner son volume de départ. Partagez-la en 4 parts et étendez chacune d'elles en un ovale de 1 cm d'épaisseur. Pratiquez des incisions à 2 cm du bord et en allant à 2 cm du centre.

■ Posez les parts de pâte sur la plaque du four huilée. Couvrez d'un torchon et laissez lever 1 h. Faites cuire au four à 210 °C (th. 7), de 20 à 25 min.

POUR 8 PERSONNES
PRÉPARATION : 30 MIN
CUISSON : 1 H
DIFFICULTÉ : TRÈS FACILE
COÛT : BON MARCHÉ

Gâteau breton

*- 250 g de farine + un peu
pour le plan de travail
- 100 g de sucre
- 125 g de beurre mou +
10 g pour la plaque
- 3 jaunes d'œufs
- 75 g d'angélique confite
- 30 g d'amandes effilées*

■ Coupez l'angélique en très petits morceaux. Préchauffez le four à 225 °C (th. 7-8). Brisez les amandes entre vos doigts.

■ Disposez la farine en fontaine, puis mettez au centre le sucre, le beurre coupé en petits morceaux et 2 jaunes d'œufs. Travaillez le tout du bout des doigts, en émiettant la pâte au fur et à mesure. Ajoutez les amandes ainsi que l'angélique.

■ Farinez le plan de travail, puis étalez-y la pâte en un cercle de 24 cm de diamètre environ. Déposez ce gâteau sur une plaque à pâtisserie beurrée et farinée.

■ Délayez le dernier jaune d'œuf avec 1 cuil. à soupe d'eau et badigeonnez-en le gâteau. Faites ensuite un quadrillage avec une fourchette. Enfournez, faites cuire 45 min, puis ramenez la température à 170 °C (th. 5-6) et laissez cuire encore 15 min.

Far aux pruneaux

POUR 8 PERSONNES
PRÉPARATION : 30 MIN
TREMPAGE DES PRUNEAUX : 8 H
CUISSON : 1 H
DIFFICULTÉ : TRÈS FACILE
COÛT : BON MARCHÉ

- 500 g de pruneaux
- 100 g de raisins secs
- 50 cl de thé chaud
- 250 g de farine
- 4 œufs
- 40 cl de lait
- 10 g de beurre pour le moule
- 2 grosses cuil. à soupe de sucre
- 2 cuil. à soupe de rhum
- 1 pincée de sel

■ Dénoyautez les pruneaux, puis faites-les tremper 8 h dans le thé.

■ Préchauffez le four à 200 °C (th. 6-7). Arrosez les raisins avec le rhum.

■ Mélangez la farine, les œufs, le sucre, le lait et le sel jusqu'à ce que la pâte soit bien lisse et sans grumeaux.

■ Égouttez les pruneaux, ajoutez-les à la pâte ainsi que les raisins et le rhum. Mélangez bien. Beurrez un moule à manqué de 24 cm de diamètre ou un plat à gratin. Versez-y la pâte et faites cuire 1 h au four.

■ Servez, tiède ou froid, dans le plat de cuisson.

À SAVOIR

Certains prétendent qu'il y a autant de recettes de fars (que l'on écrit aussi bien far, farz ou fard) qu'il y a de phares sur les côtes de Bretagne. Il est vrai que chaque région, et probablement chaque famille, a sa propre façon de réaliser ce dessert typique.

Petites galettes sablées

POUR 25 GALETTES
PRÉPARATION : 30 MIN
CUISSON : 30 MIN
REPOS DE LA PÂTE : 2 H AU MOINS
DIFFICULTÉ : FACILE
COÛT : BON MARCHÉ

- *175 g de farine + un peu pour le plan de travail*
- *125 g de beurre demi-sel mou + 10 g pour la tôle à pâtisserie*
- *50 g de sucre*
- *3 jaunes d'œufs*
- *3 pincées de cannelle*
- *1 cuil. à café d'eau de fleur d'oranger*

■ Mettez, dans un grand saladier, la farine, le beurre coupé en dés, 2 jaunes d'œufs, le sucre, la cannelle et l'eau de fleur d'oranger. Travaillez le tout du bout des doigts, frottez le mélange entre vos mains pour obtenir de grosses miettes, puis rassemblez-les en boule et laissez reposer la pâte au frais pendant au moins 2 h.

■ Farinez le plan de travail et le rouleau à pâtisserie. Étalez la pâte sur 3 à 4 mm d'épaisseur et coupez-la en disques à l'aide d'un emporte-pièce de 6 cm de diamètre. Réunissez les chutes de pâte, étalez-les et découpez d'autres galettes. Continuez jusqu'à épuisement de la pâte.

■ Préchauffez le four à 170 °C (th. 5). Beurrez et farinez une tôle à pâtisserie. Déposez les galettes dessus en les espaçant au moins de 1 cm. Ajoutez 1 cuil. à soupe d'eau au dernier jaune d'œuf, battez-le à la fourchette et badigeonnez chaque galette de ce mélange. Glissez au four et laissez cuire 30 min.

CONSEIL

Rangez les galettes bien froides dans une boîte fermant hermétiquement. Vous les conserverez ainsi une huitaine de jours.

Crêpes de froment

POUR 24 CRÊPES
PRÉPARATION : 1 H
REPOS DE LA PÂTE : 2 H
CUISSON : 3 MIN
PAR CRÊPE
DIFFICULTÉ : TRÈS FACILE
COÛT : BON MARCHÉ

- 250 g de farine de froment
- 3 cuil. à soupe de farine de sarrasin
- 1 œuf
- 100 g de sucre
- 100 g de beurre
- 25 cl de lait environ
- 1 cuil. à café de cannelle
- 1 cuil. à soupe d'eau de fleur d'oranger
- 2 cuil. à soupe d'eau-de-vie
- 250 g de beurre fondu pour la cuisson
- 1 pincée de sel

■ Faites fondre 100 g de beurre. Mélangez les 2 farines dans une grande terrine. Creusez un puits au centre, mettez-y le sel, l'œuf et le sucre. Travaillez avec une cuillère en bois, en incorporant peu à peu les farines à l'œuf, tout en versant doucement 25 cl d'eau froide.

■ Ajoutez ensuite le lait à la pâte (la quantité exacte dépend de la qualité de la farine) et continuez à travailler jusqu'à obtenir une pâte lisse et fluide.

■ Incorporez alors le beurre fondu ainsi que la cannelle, l'eau de fleur d'oranger et l'eau-de-vie, puis laissez reposer la pâte 2 h.

■ Graissez la galetoire, ou à défaut une poêle à revêtement antiadhésif et à bord plat, avec un tampon de toile trempé dans le beurre fondu. Faites chauffer à feu vif. Mélangez la pâte, puis versez-en une petite louche sur la galetoire. Laissez cuire environ 2 min puis retournez la crêpe. Laissez-la encore cuire 1 min, garnissez-la, pliez en quatre et servez.

Kuign-aman

POUR 8 PERSONNES
PRÉPARATION : 1 H
REPOS : 3 H
CUISSON : 35 MIN
DIFFICULTÉ : TRÈS FACILE
COÛT : BON MARCHÉ

- *250 g de farine*
- *200 g de beurre demi-sel*
- *200 g de sucre + 2 cuil. à soupe*
- *10 g de levure fraîche de boulanger*
- *2 pincées de sel*
- *Farine pour le plan de travail*

■ Émiettez la levure dans une tasse et délayez-la avec 3 cuil. à soupe d'eau tiède. Disposez la farine et le sel dans une terrine. Creusez un puits. Versez-y la levure et ramenez la farine dessus, en mélangeant et en ajoutant peu à peu 10 cl d'eau tiède. Travaillez longuement.

■ Laissez-la tripler de volume dans un endroit tiède 3 h environ. Tapotez-la pour la faire retomber. Travaillez le beurre pour l'amollir. Étalez la pâte sur le plan de travail fariné, en carré, sur 1 cm d'épaisseur.

■ Tartinez la pâte avec le beurre jusqu'à 2 cm des bords et poudrez avec 200 g de sucre. Pliez la pâte en trois dans un sens, puis dans l'autre. Aplatissez-la avec le rouleau à pâtisserie, très finement. Repliez à nouveau en trois, dans un sens, puis dans l'autre.

■ Déposez la pâte dans un moule à manqué et donnez-lui la forme du moule. Laissez reposer 30 min dans un endroit tiède. Faites chauffer le four à 220 °C (th. 7-8). Enfournez pour 35 min. Après 10 min de cuisson, arrosez toutes les 5 min avec le beurre qui s'écoule. Laissez reposer 15 min et démoulez-le. Poudrez avec le reste du sucre.

Bananes à la martiniquaise

POUR 4 PERSONNES
PRÉPARATION : 15 MIN
MACÉRATION : 15 MIN
DIFFICULTÉ : TRÈS FACILE
COÛT : BON MARCHÉ

- *4 bananes plantain*
- *1 citron vert*
- *1 orange*
- *100 g de raisins secs*
- *1 clou de girofle*
- *1 verre à liqueur de vieux rhum*
- *2 cuil. à soupe de sucre cristallisé*
- *10 g de beurre*

■ Épluchez les bananes et coupez les bouts, puis fendez-les dans le sens de la longueur. Coupez le citron ainsi que l'orange en deux et pressez-les pour en extraire le jus. Arrosez les bananes avec la moitié du jus de citron.

■ Dans un bol, mettez les raisins secs, ajoutez le reste du jus de citron, le jus d'orange, le clou de girofle et laissez macérer. Saupoudrez les bananes de sucre.

■ Faites chauffer le beurre dans une poêle et mettez-y les bananes à dorer de chaque côté. Ajoutez ensuite les raisins et leur jus de macération, après avoir retiré le clou de girofle.

■ Portez à ébullition, puis faites réduire. Faites chauffer le rhum dans une petite casserole, versez-le dans la poêle et faites flamber. Servez sans attendre.

Clafoutis aux griottes

POUR 6 PERSONNES
PRÉPARATION : 10 MIN
CUISSON : 35 MIN
DIFFICULTÉ : FACILE
COÛT : BON MARCHÉ

- *500 g de cerises (griottes) dénoyautées*
- *3 œufs*
- *20 cl de crème liquide*
- *40 g de beurre (+ 10 g pour le moule)*
- *60 g de farine*
- *50 g de poudre d'amandes*
- *60 g de sucre en poudre*
- *Sucre glace*

■ Préchauffez le four à 200 °C (th. 6-7).

■ Dans une petite casserole, faites fondre 40 g de beurre à feu doux. Dans un saladier, mélangez la farine, la poudre d'amandes et le sucre en poudre. Incorporez les œufs battus puis le beurre fondu et enfin la crème liquide.

■ Répartissez les cerises dans un moule beurré. Versez-y la pâte du clafoutis. Enfournez et laissez cuire 35 min.

■ Laissez tiédir et saupoudrez de sucre glace au moment de servir.

Brioche façon pain perdu

POUR 6 PERSONNES
PRÉPARATION : 10 MIN
CUISSON : 4 MIN
DIFFICULTÉ : TRÈS FACILE
COÛT : BON MARCHÉ

- 6 tranches de brioche au beurre
- 50 cl de crème glacée à la vanille
- 2 œufs
- 40 ml de lait
- 50 g de beurre
- 60 g de sucre

■ Dans un plat creux, battez les œufs puis ajoutez le lait. Faites fondre le beurre dans une poêle à feu doux. Trempez les tranches de brioche des deux côtés dans le mélange œufs-lait.

■ Dans une poêle, faites dorer la première face environ 2 min. Saupoudrez de sucre puis retournez les tranches de brioche et laissez à nouveau cuire 2 min.

■ Servez immédiatement avec 1 ou 2 boules de crème glacée à la vanille.

Panacotta à la compote de rhubarbe

POUR 6 PERSONNES
PRÉPARATION : 20 MIN
CUISSON : 15 MIN
REPOS : 2 H
DIFFICULTÉ : FACILE
COÛT : BON MARCHÉ

- *500 g de rhubarbe coupée en morceaux*
- *60 cl de crème liquide*
- *200 g de sucre*
- *12 g de feuilles de gélatine*
- *1 gousse de vanille*

■ Faites tremper la gélatine dans un peu d'eau pendant 10 min environ. Dans une casserole à feu doux, faites chauffer la crème, 100 g de sucre et la gousse de vanille fendue en deux.

■ À la première ébullition, retirez la casserole du feu, ôtez la gousse de vanille et ajoutez la gélatine essorée. Mélangez bien jusqu'à ce qu'elle soit complètement dissoute. Versez dans 6 ramequins et réservez au réfrigérateur pendant 2 h au minimum.

■ Dans une casserole, à feu doux, faites chauffer la rhubarbe en remuant souvent pendant 10 min. Ajoutez le reste du sucre et laissez compoter encore 10 min. Retirez du feu et laissez refroidir à température ambiante.

■ Au moment de servir, démoulez chaque panacotta en trempant le fond des ramequins dans de l'eau chaude et accompagnez de la compote de rhubarbe.

CONSEIL

Pour une présentation originale, choisissez des ramequins aux formes amusantes.

Tarte aux quetsches

POUR 6 PERSONNES
PRÉPARATION : 10 MIN
CUISSON : 35 MIN
DIFFICULTÉ : FACILE
COÛT : BON MARCHÉ

- *500 g de quetsches en oreillons*
- *250 g de pâte feuilletée étalée*
- *50 g de poudre d'amandes*
- *40 g de sucre*

■ Préchauffez le four à 200 °C (th. 6-7). Déposez la pâte avec son papier sulfurisé dans une tourtière de 28 cm de diamètre. Piquez le fond avec une fourchette puis saupoudrez de poudre d'amandes.

■ Répartissez les oreillons de quetsches en rosaces en commençant par l'extérieur de la tourtière puis saupoudrez de sucre. Enfournez et laissez cuire 35 min.

Muffins aux myrtilles

POUR 12 MUFFINS
PRÉPARATION : 10 MIN
CUISSON : 20 MIN
DIFFICULTÉ : FACILE
COÛT : BON MARCHÉ

- *250 g de myrtilles*
- *100 g de beurre*
- *1 œuf*
- *25 cl de lait*
- *250 g de farine*
- *1/2 paquet de levure chimique*
- *100 g de sucre*

■ Préchauffez le four à 200 °C (th. 6-7). Dans un saladier, mélangez la farine, la levure et le sucre. Dans une petite casserole, faites fondre le beurre à feu doux.

■ Dans un autre saladier, battez l'œuf puis ajoutez le beurre fondu et le lait. Versez ce mélange liquide dans le saladier contenant le mélange farine-levure-sucre. Mélangez un peu (il faut qu'il y ait des grumeaux).

■ Incorporez sommairement les myrtilles pour que la pâte reste marbrée. Avec une cuillère, remplissez 12 moules à muffins aux deux tiers. Enfournez et laissez cuire 20 min. Dégustez les muffins tièdes ou froids.

CONSEILS

Accompagnez ce dessert d'une boule de glace à la vanille. Vous pouvez également déguster cette tarte froide.

Smoothie aux fruits rouges

POUR 6 PERSONNES
PRÉPARATION : 2 MIN
DIFFICULTÉ : TRÈS FACILE
COÛT : BON MARCHÉ

- *600 g de mélange surgelé de fruits rouges*
- *3 yaourts veloutés*
- *6 cuil. à café de miel*

■ Passez le mélange de fruits rouges encore surgelé au blender. Ajoutez les yaourts et le miel.

■ Servez dans 6 verres et dégustez aussitôt.

Gâteau basque

POUR 8 PERSONNES
PRÉPARATION : 50 MIN
CUISSON : 1 H 20
REPOS DE LA PÂTE : 12 H
DIFFICULTÉ : DIFFICILE
COÛT : BON MARCHÉ

- *500 g de farine*
- *300 g de beurre ramolli*
- *7 jaunes d'œufs + 1 œuf entier*
- *40 cl de lait*
- *1 cuil. à soupe de zeste de citron râpé fin*
- *370 g de sucre en poudre*
- *1 sachet de sucre vanillé*
- *4 cuil. à soupe de rhum brun*
- *1 pincée de sel*

■ La veille : versez 450 g de farine dans une jatte. Creusez un puits et ajoutez 290 g de sucre, le beurre en petits morceaux, l'œuf entier, 3 jaunes d'œufs, le zeste de citron et le sel. Mélangez la pâte rapidement et mettez-la au frais, enveloppée d'aluminium.

■ Dans une casserole, faites bouillir le lait. Dans une autre casserole, mettez le reste du sucre, le sucre vanillé, le reste de farine et 3 jaunes d'œufs. Faites chauffer à feu très doux en tournant, puis versez peu à peu le lait chaud sans cesser de tourner. Dès que la crème atteint l'ébullition, incorporez le rhum. Réservez.

■ Le jour même : beurrez un moule à manqué. Étalez la pâte en 2 disques, l'un de la taille du moule, l'autre pouvant tapisser le fond et le bord du moule.

■ Préchauffez le four à 150 °C (th. 5). Tapissez le moule avec la plus grande abaisse, versez la crème et posez le second disque. Soudez et quadrillez le dessus avec un couteau pointu sans percer la pâte. Badigeonnez le dessus du gâteau avec le dernier jaune délayé avec un peu d'eau. Faites cuire 1 h 20 au four. Laissez refroidir avant de démouler.

Tarte aux pommes

POUR 6 À 8 PERSONNES
PRÉPARATION : 20 MIN
CUISSON : 45 MIN
REPOS : 1 H
DIFFICULTÉ : FACILE
COÛT : BON MARCHÉ

Pour la pâte brisée
- *250 g de farine*
- *150 g de beurre*
- *80 g de sucre*
- *5 cl d'huile*
- *1 pincée de sel*

Pour la garniture
- *1 kg de pommes acidulées*
- *1 œuf entier + 1 jaune*
- *2 dl de crème fraîche*
- *120 g de sucre*
- *1 sachet de sucre vanillé*

■ Préparez la pâte : travaillez du bout des doigts le beurre coupé en cubes et la farine en un mélange grumeleux. Ajoutez le sucre et le sel en aérant le mélange entre les doigts jusqu'à obtenir une consistance sableuse.

■ Versez l'huile, mélangez vivement avec un doigt, ajoutez petit à petit 5 cl d'eau froide en ramassant la pâte en boule. Enveloppez-la d'un film alimentaire et laissez-la reposer au minimum 1 h au réfrigérateur.

■ Préchauffez le four à 200 °C (th. 6-7). Préparez la garniture : garnissez un moule à tarte avec la pâte brisée. Pelez les pommes, coupez-les en quartiers, disposez-les en rosace sur la pâte en les faisant se chevaucher. Saupoudrez avec un peu de sucre et faites cuire 45 min au four.

■ Battez les œufs dans un bol avec le sucre vanillé et le reste de sucre. Ajoutez la crème, mélangez, versez sur la tarte 10 min avant la fin de cuisson.

Tarte niçoise

POUR 6 PERSONNES
PRÉPARATION : 30 MIN
CUISSON : 30 MIN
REPOS DE LA PÂTE : 1 H
DIFFICULTÉ : FACILE
COÛT : BON MARCHÉ

Pour la pâte
- 250 g de farine + 20 g pour le moule
- 125 g de beurre ramolli + 20 g pour le moule
- 2 jaunes d'œufs
- 2 cuil. à soupe d'eau de fleur d'oranger
- 1 cuil. à soupe de sucre en poudre
- 1 pincée de sel

Pour la garniture
- 1 kg de pêches
- 70 g de sucre en poudre

■ Mettez dans une jatte la farine, les jaunes d'œufs, le beurre coupé en petits morceaux, le sucre et le sel. Puis mélangez rapidement du bout des doigts en ajoutant l'eau de fleur d'oranger et au besoin un peu d'eau pour détendre la pâte. Roulez la pâte en boule, puis laissez-la reposer 1 h au frais, dans un torchon.

■ Étalez la pâte au rouleau sur le plan de travail fariné, sur 2 mm d'épaisseur environ. Ensuite, tapissez un moule à tarte beurré et fariné.

■ Préchauffez le four à 230 °C (th. 7-8). Pelez les pêches, coupez-les en deux, dénoyautez-les. Mettez une pêche de côté et disposez les autres sur la pâte, côté bombé vers le dessus. Enfournez et faites cuire de 25 à 30 min.

■ Écrasez la pêche mise de côté, mettez-la dans une casserole avec le sucre et 15 cl d'eau et faites réduire à feu vif. Répandez ce sirop sur la tarte et laissez refroidir.

Truffes de Chambéry

POUR 20 TRUFFES ENVIRON
PRÉPARATION : 15 MIN
REPOS : 1 À 2 H
UNE PORTION CONTIENT
DIFFICULTÉ : TRÈS FACILE
COÛT : BON MARCHÉ

- 200 g de chocolat noir à croquer à 64 % de cacao
- 150 g de beurre mou
- 3 cuil. à soupe de lait
- 6 à 8 cuil. à soupe de cacao non sucré

■ Cassez le chocolat en petits morceaux et faites-le fondre au bain-marie avec le lait dans une petite casserole.

■ Lorsque le chocolat est bien mou sous le doigt, incorporez-y le beurre hors du bain-marie en remuant soigneusement avec une spatule. Laissez refroidir au frais mais pas au réfrigérateur.

■ Versez du cacao dans une assiette. Prélevez des petites boules de truffe, roulez-les dans le cacao. Rangez-les sur un plat et mettez-les au réfrigérateur avant de les servir.

Biscuit de Savoie

POUR 6 À 8 PERSONNES
PRÉPARATION : 20 MIN
CUISSON : 45 MIN
DIFFICULTÉ : TRÈS FACILE
COÛT : BON MARCHÉ

- *6 œufs*
- *100 g de farine + un peu pour le moule*
- *175 g de sucre*
- *50 g de fécule de pomme de terre*
- *1 cuil. à café de zeste de citron râpé*
- *Beurre pour le moule*
- *1 pincée de sel*

■ Cassez les œufs en séparant les jaunes des blancs. Fouettez les jaunes avec le sucre dans une jatte jusqu'à ce que le mélange gonfle et fasse un ruban. Ajoutez le zeste de citron.

■ Montez les blancs d'œufs en neige très ferme (5 min) avec le sel. Préchauffez le four à 200 °C (th. 6-7).

■ Mélangez la farine et la fécule. Incorporez alternativement la farine aux jaunes d'œufs, puis 2 cuil. de blancs en neige et enfin délicatement le reste des blancs.

■ Versez la pâte dans un moule beurré et fariné. Enfournez et faites cuire 5 min puis baissez la température à 150 °C (th. 5) et laissez cuire 40 min. Faites refroidir avant de démouler.

CONSEIL

Le biscuit de Savoie n'est pas un dessert en lui-même. Il sert surtout de base pour des gâteaux fourrés à la confiture ou à la crème.

Compote de quetsches

POUR 4 PERSONNES
PRÉPARATION : 10 MIN
CUISSON : 35 MIN
DIFFICULTÉ : TRÈS FACILE
COÛT : BON MARCHÉ

- 600 g de quetsches
- 100 g de sucre
- 2 pincées d'anis vert en poudre
- 3-4 tours de moulin de noix muscade
- 1 pincée de girofle
- 3 pincées de cannelle
- 2 pincées de poivre
- 1 pincée de coriandre
- 2 pincées de piment de la Jamaïque
- Quelques gouttes d'arôme d'orange naturel
- 1 cuil. à soupe d'alcool de prune

■ Mettez le sucre dans une casserole avec 25 cl d'eau. Laissez fondre le sucre à feu doux, puis ajoutez tous les ingrédients, sauf les quetsches. Laissez bouillir.

■ Pendant ce temps, lavez les quetsches, coupez-les en deux et dénoyautez-les. Ajoutez-les dans le sirop bouillant et laissez-les cuire 20 min.

■ Retirez les quetsches avec une écumoire et posez-les dans une jatte. Faites réduire le jus de cuisson de moitié à feu vif. Versez-le sur les fruits, laissez refroidir, puis mettez au réfrigérateur. Servez très frais.

Gâteau aux carottes

POUR 12 À 15 PERSONNES
PRÉPARATION : 20 MIN
CUISSON : 1 H
DIFFICULTÉ : FACILE
COÛT : BON MARCHÉ

- 5 œufs
- 250 g de carottes
- 250 g d'amandes en poudre
- 250 g de sucre + 20 g pour le moule
- 20 g de sucre glace
- 30 g de fécule de pomme de terre
- 20 g de beurre pour le moule
- Le jus et le zeste râpé d'une orange
- 10 cl de kirsch
- 1 cuil. à café de cannelle
- 1 pincée de sel

■ Râpez les carottes, pressez-les pour en extraire le jus. Séparez les jaunes des blancs d'œufs. Battez les jaunes en mousse avec le sucre. Ajoutez la fécule, le jus et le zeste d'orange, les amandes, la cannelle, le kirsch, puis les carottes.

■ Fouettez les blancs d'œufs en neige ferme avec le sel, mélangez-les délicatement à la pâte. Préchauffez le four à 180 °C (th. 6).

■ Beurrez et sucrez 2 petits moules à cake ou un moule à manqué. Garnissez-le(s) de pâte et faites cuire environ 1 h. Laissez tiédir 10 min avant de démouler et saupoudrez de sucre glace.

CONSEIL

Ce gâteau se congèle très bien. Losrsqu'il est encore tiède, enveloppez-le de film alimentaire avant de le mettre au congélateur.

Table des recettes

Table des recettes

■ Entrées et soupes — 4

Soupe de courgettes au cerfeuil	4
Granité tomates- basilic et purée de fèves en verrine	6
Velouté de champignons	8
Consommé de bœuf aux riweles	10
Crème de poivron	12
Crème de pomme de terre	14
Soupe de fèves provençale	16
Fougasses aux grattons	18
Feuilletés façon gressins	20
Salade de cervelas	22
Salade de gruyère	24
Salade de pommes de terre	26
Frisée aux gésiers confits	28
Salade des vignerons	30
Salade de chou blanc	32
Tourin blanchi	34
Consommé de queue de bœuf	36
Salade d'avocat à la mangue et au cresson	38
Tarte à l'oignon	40

■ Poissons — 42

Truites des gaves	42
Truites à la ciboulette	44
Moules farcies à la sétoise	46
Court-bouillon de poisson à l'antillaise	48
Maquereaux au cidre	50
Petits ramequins de cabillaud à la tomate	52
Pissaladière	54
Brandade comme à Marseille	56
Friands de Douarnenez	58
Tartare de colin aux poivrons	60
Club saumon fumé, crème de fromage au citron vert	62
Pain bagnat	64
Burger de poisson	66

■ Viandes et volailles — 68

Colombo de porc	68
Poulet basquaise	70
Poule farcie à la béarnaise	72
Poulet à la niçoise	74
Tortilla au poulet	76
Club volaille, tomates séchées et gouda	78
Bagel dinde fumée, cheddar, avocat	80
The Big One	82
Tacos au bœuf	84
Croque jambon cru, comté et noix	86
Club tandoori chutney et coriandre	88
Chawarma	90
Falafel	92
Zouvlaki	94
Croque-madame	96
Tarte flambée	98

■ Légumes et féculents — 100

Légumes sauce poulette	100
Aubergines à la bordelaise	102
Tartine caviar d'aubergines, tomates confites et ciboulette	104
Artichauts à la provençale	106

Artichauts à la mode de Rennes	108
Ratatouille niçoise	110
Courgettes en salade	112
Curry de légumes	114
Gratin dauphinois	116
Piperade basquaise	118
Tarte de petits pois à la menthe	120
Tarte au chèvre et aux épinards	122
Purée bretonne	124
Pommes de terre à la bretonne	126
Galette de pommes de terre	128
Massicis au lard	130
Pommes de terre parfumées	132
Pennes aux légumes du soleil	134
Riz à l'espagnole	136
Pâtes au pistou	138
Péla ou tartiflette	140

■ Desserts 142

Sandwichs glacés	142
Oreillettes	144
Pompe de Noël	146
Gâteau breton	148
Far aux pruneaux	150
Petites galettes sablées	152
Crêpes de froment	154
Kuign-aman	156
Bananes à la martiniquaise	158
Clafoutis aux griottes	160
Brioche façon pain perdu	162
Panacotta à la compote de rhubarbe	164
Tarte aux quetsches	166
Muffins aux myrtilles	168
Smoothie aux fruits rouges	170
Gâteau basque	172
Tarte aux pommes	174
Tarte niçoise	176
Truffes de Chambéry	178
Biscuit de Savoie	180
Compote de quetsches	182
Gâteau aux carottes	184

Vous vous êtes régalé ?
Découvrez vite le reste de la collection !

Apéros dînatoires

Chocolat, moelleux & fondants

Cocottes & cassolettes

Tiramisu, pana cotta & cheesecakes

Verrines & finger food

Macarons & gourmandises

☞ + de 100 recettes
☞ 90 photos
☞ des conseils et des variantes

4,95 €
Seulement

bon app' à tous !

Crédits photographiques :
© Alexandra Duca : pp. 2, 11, 23, 25, 27, 29, 33, 35, 37, 41, 43, 71, 73, 103, 99, 119, 173, 175, 185.
© Caroline Faccioli : pp. 117, 141, 179, 181.
© Denys Clément : pp. 31, 45.
© Éric Fénot : pp. 39, 49, 69, 113, 115, 131, 133, 137, 159, 183.
© Jean Bono : pp. 17, 19, 47, 55, 57, 75, 107, 111, 139, 145, 147, 177.
© Loïc Nicoloso : pp. 5, 7, 9, 21, 53, 61, 121, 123, 135, 143, 161, 163, 165, 167, 169, 171, 186.
© Rina Nurra : pp. 13, 63, 65, 67, 77, 79, 81, 83, 85, 87, 89, 91, 93, 95, 97, 105.
© Virginie Rol : pp. 15, 51, 59, 101, 109, 125, 127, 129, 149, 151, 153, 155, 157.

Cet ouvrage reprend des recettes des titres *Cuisine créole*, *Ay Caramba !*, *Cuisine alsacienne*, *Hamburgers, sandwichs et croques*, *Cuisine aux épices*, *Cuisine du congélo*, *Cuisine provençale*, *Rien que pour moi*, *Cuisine de Savoie et du Dauphiné*, *Cuisine du Sud-Ouest*, *Cuisine bretonne* et *Cuisine bourguignonne* parus dans la collection PPH Cuisine aux Éditions Hachette Pratique.
Pour l'éditeur, le principe est d'utiliser des papiers composés de fibres naturelles, renouvelables, recyclables et fabriquées à partir de bois issus de forêts qui adoptent un système d'aménagement durable. En outre, l'éditeur attend de ses fournisseurs de papier qu'ils s'inscrivent dans une démarche de certification environnementale reconnue.

Direction : Jean-François Moruzzi
Direction éditoriale : Pierre-Jean Furet
Responsable éditoriale : Anne Vallet
Conception de la maquette intérieure et de la couverture : Marie Carette
Réalisation de la couverture : Marie Carette
Réalisation : Les PAOistes
Correction : Charlotte Buch-Müller
Fabrication : Amélie Latsch
Responsable partenariats : Sophie Morier au 01 43 92 36 82

© 2010, HACHETTE LIVRE (Hachette Pratique)
Dépôt légal : janvier 2010
23-05-8101-02-0
ISBN : 978-2-0123-8101-8

Imprimé en Italie par Stige